Doris Van Stone
Erwin Lutzer

Wer wird mein Schreien hören?

Verletzung und Heilung bei sexuellem Missbrauch

1. Auflage 2010
2. Auflage 2024

This book was first published in the United States by Moody Publishers, 820 N. LaSalle Blvd., Chicago, Illinois, 60610 with the title *No Place to Cry*, © 1990 by The Moody Bible Institute of Chicago. Translated by permission.

© der deutschen Ausgabe
2010 by CLV · Christliche Literatur-Verbreitung e. V.
Ravensberger Bleiche 6 · 33649 Bielefeld
www.clv.de

Übersetzung: Martin Plohmann, Bielefeld
Satz: CLV
Umschlag: Andreas Fett, Meinerzhagen
Druck und Bindung: CPI books GmbH, Leck

Artikel-Nr. 256228
ISBN 978-3-86699-228-3

Inhalt

Meinen Enkeln Whitney, Erica, Lynsey,
Derek, Natalie und Lorien gewidmet –
kostbaren Geschenken, geliebt von Gott,
der mir das Vorrecht gab,
»Großmutter« genannt zu werden

Vorwort

Sind Sie vor Schmerz wie betäubt? Aufgrund von Inzest, Missbrauch, Ablehnung, Familienproblemen usw.?

Als Jeremia auf sein gebrochenes Volk schaute, rief er bestürzt aus: »Ist denn kein Balsam in Gilead oder kein Arzt dort? Ja, warum ist die Genesung der Tochter meines Volkes ausgeblieben?« (Jer 8,22; RELB).

Jeremia wusste, dass Heilung möglich war. Gottes Name ist *Jahwe Rapha* und bedeutet: der Gott, der heilt; und Gott hat einen Balsam, eine Heilsalbe – sein Wort. Deshalb war Jeremia so bestürzt. Er wusste: Keine Wunde oder Verletzung konnte so groß, so schrecklich, dem Anschein nach so vernichtend sein, dass unser souveräner Gott sie nicht heilen könnte. Er ist Gott, der Gott allen Fleisches, und nichts ist zu schwer für ihn.

Wenn es eine Geschichte gibt, die diese Wahrheit veranschaulicht, werden Sie sie in diesem Buch finden.

Vielleicht haben Sie Dories erstes Buch gelesen, *Dorie – ein verwandeltes Leben*, und Gottes heilende Kraft erkannt, aber in Ihrem Herzen dachten Sie: »Sie hat nie sexuelle Gewalt erfahren, deshalb konnte sie geheilt werden, aber …«

Es gibt kein »aber«, lieber Leser. Es gibt keine Wunde, die Gott nicht heilen kann! Diese Wahrheit wird von jenem Teil von Dories Geschichte bestätigt, den sie bisher nur ein paar engen Freunden anvertraut hat.

Es ist nicht leicht, diese Geschichte zu erzählen. Aber für Jesus und sein Volk ist Dorie bereit, Sie in ihre dunkle Vergangenheit blicken zu lassen. So erfahren Sie, wie das Licht der Welt in ihre Dunkelheit schien und der süße Duft seiner souveränen Liebe in ihr Leben strömte.

Dorie ist ein lebendiges Zeugnis von der heilenden Kraft Gottes für die tiefsten Verletzungen, und ich freue mich jedes Mal, sie in die Arme zu schließen, wenn sie nach Hause zu mir und unserer Organisation »Precept Ministries International« kommt.

Lesen Sie ihr Buch unter Gebet und leben Sie mit Gott in einem kindlichen Glauben so wie Dorie – und Sie werden feststellen, dass Sie geheilt werden, weil es in Gilead Balsam und einen großen Arzt gibt.

Kay Arthur

Dank

Mein besonderer Dank gilt den vielen Hundert Menschen, die mir in den letzten Jahren geschrieben haben. Ich habe viele von euren Briefen in diesem Buch aufgenommen. Obwohl ich nicht jeden von euch über die Verwendung eurer Kommentare unterrichten konnte, möchte ich euch doch sagen: Eure Einblicke und eure Mut machenden Worte werden sich hundertfach vermehren.

Auch meinem lieben Freund Dr. Erwin Lutzer, Pastor der Moody Church, möchte ich für das Schreiben des Manuskripts danken, das meine Erfahrungen und Gedanken so exakt wiedergibt. Wir haben viele Stunden miteinander diskutiert, und ich freue mich über den Dienst, den ich mit diesem neuen Buch tun kann.

Ebenso dankbar bin ich meinem lieben Freund Ray Martin, der mir ein paar »freie Tage« gab, um meine Gedanken für dieses Buch zu sortieren.

Und auch der lieben Sandy Burdick danke ich, die ein Risiko einging und durch behutsames Forschen das Kind hinter der Fassade fand.

Ich danke euch für eure Hilfe. Mein Gebet ist, dass der Herr dieses Buch zu seiner Ehre gebraucht.

Liebe Dorie,

Dorie, mein Problem ist: Ich kann nicht glauben, dass Gott mich liebt. Ich weiß, dass er es tut, aber dieses Wissen geht nicht tiefer. Ich kann das nicht akzeptieren, weil ich fürchte, er würde mich ablehnen, wenn ich es tue. Es ist eine emotionale, keine verstandesmäßige Blockade. Alles wäre in Ordnung, wenn ich nur wüsste, dass Jesus mich liebt, wenn ich wüsste, dass er für mich sorgt und mich durch meine Umstände durchträgt. Dann könnte ich die Kämpfe und Schmerzen meiner Vergangenheit überstehen. Alles, was ich brauche, ist Liebe. Du hast meine Schutzmauern durchbrochen, obschon ich stark dagegen angekämpft habe. Ich sagte mir: »Ich werde nicht weinen! Das ist Unsinn! Es sind nur Gefühle, die nachlassen werden, und ich werde nicht zulassen, dass es mich berührt!« Aber ich wusste, dass es kein Unsinn war und es Heilung gibt, wenn ich meinen Schutz aufgeben und meine Tränen zulassen und Gottes Liebe akzeptieren würde.

In Liebe
T.

Einleitung

Am Samstag, 29. Juni 1985, raste gegen 13.30 Uhr eine Ambulanz die Randolph Street hinunter. Lloyd und ich waren in Topeka, Kansas, und besuchten unseren Sohn Burney und seine Frau. Aus ihrem Haus konnte ich die Ambulanz beobachten.

Ich schaute unserer Schwiegertochter Diana in die Augen. »Ich hoffe, es ist nicht Lloyd«, sagte ich halb ernst gemeint.

»Ich bin mir sicher, dass er es nicht ist«, antwortete sie.

In den letzten Jahren hatte mein Mann seine Liebe zum Joggen entdeckt. Er war in guter Form und genoss die Entspannung und Bewegung. Da wir ihn erst in einer halben Stunde zurückerwarteten, machte ich mir keine Sorgen.

Vorher war er in seinen Jogging-Shorts in der Küche aufgetaucht. »Süße, ich bin bald wieder da, und dann gehen wir aus zum Essen.«

Er beugte sich und küsste mich. Ich drückte ihn einmal – dann ein zweites Mal. Nachdem er aus dem Haus war, ging ich zur Tür.

»Einen guten Lauf!«, rief ich ihm hinterher.

Er drehte sich um, schaute mich an und wies mit dem Zeigefinger zum Himmel. »Den werde ich haben, Schatz!«, rief er zurück.

Jetzt warteten wir. Eine Stunde verging, und noch immer war er nicht da.

Ich entschloss mich, durch den Park zu gehen und nach ihm zu suchen. Sicherlich ist er dort und entspannt sich irgendwo in der Sonne. Aber er war nirgends zu finden. Noch immer erlaubte ich es mir nicht, daran zu denken, was passiert sein könnte.

Als ich zurückkam, besprachen wir, was wir als Nächstes tun sollten. Obgleich es niemand erwähnte, konnten wir die Ambulanz nicht aus den Gedanken bekommen.

Wir stiegen ins Auto und fuhren die Straße entlang, während wir weiterhin damit rechneten, ihn zu sehen. Vielleicht hatte er sich verlaufen oder war in eine Seitenstraße abgebogen.

Verwirrt kehrten wir nach Hause zurück. Ich bat Diana, das nahe gelegene Krankenhaus anzurufen. Während sie der Stimme am anderen Ende zuhörte, wurde ihr Gesicht ganz weiß und ihre Hand zitterte. »Dorie, sie haben einen nicht identifizierten Mann aufgenommen. Sie glauben, es war ein Jogger; wir sollen sofort kommen.«

Schweigend fuhren wir zum Krankenhaus. Es war sicher nicht Lloyd. *Das kann nicht sein, Herr. Nein, das kann nicht sein.*

Als wir ankamen, kam ein Mann in einem weißen Kittel auf uns zu. »Sie bleiben hier«, sagte er zu mir. »Ihr Sohn soll mit mir kommen.«

Das Warten schien uns wie eine Ewigkeit vorzukommen. Dann kam Burney zurück und breitete seine Arme aus. Noch bevor er etwas sagte, wusste ich, was geschehen war. »Mutter, er ist tot.«

»Nein, das kann nicht sein!«

»Ja, Mom, er ist heimgegangen.«

Diana kam herüber, und wir lagen uns weinend in den Armen. Ich hatte das Gefühl, als würde ich träumen. Lloyd hatte gesagt, dass er pünktlich zurück sei und wir anschließend zum Essen ausgingen. *Er konnte nicht so schnell gestorben sein*, sagte ich mir.

Als er sich etwas gefasst hatte, sagte Burney: »Weißt du, bevor ich den Raum verließ, küsste ich ihn und sagte: ›O Herr, wenn ich hier rausgehe, muss ich ein anderer Mann sein.‹«

Dann fügte er hinzu: »Mom, ich möchte sein wie er!«

»Es gibt nur eine Möglichkeit, wie er zu sein«, sagte ich. »Liebe den Herrn, deinen Gott, mit deinem ganzen Herzen, deiner ganzen Seele und deinem ganzen Verstand.«

»Soldat, bist du bereit?«, fragte mich Burney. Er meinte, ob ich es schaffen würde, den Raum zu betreten, in dem mein lieber Mann lag.

»Ja, ich bin bereit.«

Schweigend betrat ich das Zimmer und sah meinen Märchen-prinz tot und regungslos daliegen. Ich küsste ihn und weinte. Einen flüchtigen Moment lang dachte ich: *Hätte ich mich nur von ihm verabschiedet.* Dann erinnerte ich mich: *Nein, das musste ich nicht. In unserem Leben war alles in Ordnung – sechsunddreißig Jahre lang haben wir einander immer wieder gesagt:* »Ich liebe dich.«

Der Arzt teilte uns mit, jemand habe gesehen, wie Lloyd fiel. Er war sofort tot, vielleicht sogar bevor sein Körper auf dem Boden aufschlug. Er starb, wie der Arzt sagte, mitten im Lauf.

»Wissen Sie, was Sie mir da sagen?«, fragte ich ihn. »Lloyd ist geradewegs in den Himmel gerannt!«

Der Arzt legte mir seine Hand auf die Schulter und meinte: »Aha!« So, als wollte er sagen: »Das habe ich schon öfter erlebt, das ist der Schock.«

Aber bis heute liebe ich die Vorstellung, dass Gott zu Lloyd sagte: »Soldat, es ist Zeit, nach Hause zu kommen!«

Dann stelle ich mir vor, wie Lloyd erwiderte: »Herr, aber Dorie ...«

»Mach dir keine Sorgen. Ich werde mich um sie kümmern. Du aber kommst nach Hause.«

Der Schmerz

Jede Frau trauert über den Verlust ihres Ehemanns. Aber in meinem Fall war der Verlust besonders intensiv, weil Lloyd der erste Mensch auf der ganzen Welt war, der mich wirklich liebte.

Wir begegneten uns im September 1946 im St. Paul Bible College. In dem Augenblick, als ich ihn sah, bewunderte ich den großen, gut aussehenden Texaner. Ich hätte mir nie träumen lassen, einmal so viel Glück zu haben und ihn zu meinem Mann zu bekommen. *Natürlich würde er mich zurückweisen, wenn er mich kennenlernen würde,* dachte ich.

Menschen, die körperlichen und sexuellen Missbrauch erfahren haben, verstehen, dass ich mich schmutzig fühlte, mich schämte und mich menschlicher Liebe für unwürdig hielt. Ganz gleich, wie sehr ich versuchte, äußerlich wie jeder andere zu sein – innerlich, das wusste ich, war ich anders. Und ich dachte, jeder könne in mich hineinschauen.

Was hätten die Menschen gesehen, hätten sie in mein Inneres blicken können?

Ich war ein uneheliches Kind, und meine bevorstehende Geburt zwang meine Eltern zu einer frühen Heirat. Meine Mutter hasste mich, und in einem Waisenhaus und zwei Pflegefamilien wurde ich missbraucht. Meine Mutter lehnte mich völlig ab. Ich wurde verlacht und verstoßen und sexuell belästigt. Und später leugnete mein Vater, dass ich sein Kind war.

Meine frühesten Erinnerungen gehen zurück auf ein einsames Apartment in Oakland, Kalifornien, wo ich als Kind im Dunkeln warten musste, bis meine Mutter nach Hause kam. Meine Mutter ließ mich auf meine jüngere Schwester Marie aufpassen. Wenn sie nach Hause kam, nahm sie Marie in die Arme. Ich wurde immer wie ein unerwünschter Hund zur Seite gestoßen.

Ich war erst sechs, kannte aber schon tiefes Leid. Oft gingen wir hungrig ins Bett. Aber der Schmerz eines leeren Magens war erträglicher als die emotionalen Wunden durch Ablehnung und Hass. Mich hat nie jemand auf den Arm genommen; keiner streichelte mich oder kuschelte mit mir. Ich wusste: Ich war anders, hässlich und eine Last für meine Mutter.

Häufig brachte sie Männer mit nach Hause. Dann zog sie meine jüngere Schwester schön an und sie gingen zusammen aus. Damit niemand entdeckte, dass ein Kind allein zu Hause gelassen wurde, klappte sie das Schrankbett herunter, stopfte mich hinein und klappte es wieder hoch. Dort weinte ich und schnappte nach Luft, bis ich einschlief.

Manchmal werde ich gefragt, wie ich mich an Ereignisse erinnern kann, die ich im Alter von sechs Jahren erlebte. Ich kann nur sagen: Wenn der Schmerz so tief sitzt, dann vergisst man es einfach nicht. Meine Erinnerungen sind noch immer lebendig.

Als ich sieben war, brachte meine Mutter Marie und mich in ein Waisenhaus; wie ein Paket setzte sie uns vor der Tür ab. In sieben Jahren besuchte sie uns nur zwei Mal und schenkte nur Marie etwas – mir nicht. Als Lloyd und ich das Waisenhaus Jahre später besuchten, entdeckte ich zu meiner Überraschung, dass es nur zehn Wohnblöcke von dem Apartment entfernt lag, in dem meine Schwester und ich mit unserer Mutter gelebt hatten. Damals schien es eine ganze Welt entfernt.

Ich ließ meine Wut an den anderen Kindern im Waisenhaus aus. Ich hatte zu Recht einen schlechten Ruf und wurde sieben Jahre lang jeden Abend geschlagen (normalerweise direkt vor dem Zubettgehen).

Als ich dreizehn war, kamen ein paar christliche Studenten zu uns, um uns von Jesus Christus zu erzählen. Beim Abschied sagte eine Studentin zu uns: »Kinder, selbst wenn ihr alles vergesst, was wir euch erzählt haben, denkt daran: *Gott liebt euch.*«

Ich saß auf einem Klappstuhl im Salon, als ich zum ersten Mal in meinem Leben betete. Wenn er mich liebt und mich wollte, so sagte ich zu Gott, könne er mich haben. An diesem Tag wurde ich Christ, und ich wusste, dass er mich angenommen hatte. Endlich hatte ich einen Freund – einen Freund für immer.

Mir war nicht bewusst, dass mein Leben außerhalb des Waisenhauses noch viel schlimmer sein würde als innerhalb seiner Mauern. Ich wurde in vier Pflegefamilien abgeschoben; in zweien wurde ich körperlich, geistig und sexuell misshandelt. Aber der Gott, der in den letzten Tagen im Waisenhaus bei mir war, stand mir zur Seite.

Viel später in meinem Leben konnte ich meinen Vater ausfindig machen. Wir schlossen Freundschaft, und ich lebte anderthalb Jahre bei ihm und seiner Frau. Als ich ihm jedoch sagte, ich würde Missionarin werden, verstieß er mich. Er ließ mich nicht einmal in sein Haus, obwohl ich extra angereist war, um ihm meine Entscheidung mitzuteilen. Bei seinem Tod stand auf der Sterbeurkunde, dass er kinderlos gewesen sei. Er verstieß mich bis zu seinem Ende.

Mit all den Narben dieser schrecklichen Erfahrungen in meinem Herzen fragte ich mich oft, ob Gott mich je gebrauchen oder mich *irgendjemand* lieben könne. Meine Vergangenheit behielt ich größtenteils für mich, da ich schon bald feststellte, dass die meisten Menschen zu sehr mit ihrem eigenen Leben beschäftigt sind, um die Lasten eines anderen zu tragen. Außerdem vertraute ich nur wenigen Menschen. Ich fürchtete, nur wieder abgelehnt zu werden, wenn sie meine Vergangenheit erfahren würden.

In diesen dunklen Kindheitstagen mit all ihren körperlichen und geistigen Verletzungen war Gott bei mir. Aber ich sehnte mich nach der Liebe zumindest eines Menschen, einer Person, die mich so annahm, wie ich war – einer Person, die mich trotz meiner Vergangenheit liebte.

Lloyd war dieser Mensch.

Für mich war es ein Wunder der Gnade Gottes, dass Lloyd und ich uns verabredeten. Eines Tages gingen wir an einem Juweliergeschäft vorbei. »Lass uns mal die Ringe anschauen. Ich möchte dir einen kaufen«, platzte er ohne Vorwarnung heraus. Geschockt sah ich auf, und er flüsterte diese drei kleinen Worte, nach denen ich mich so sehr gesehnt hatte: »Ich liebe dich!« Dann küsste er mich.

Können Sie sich das vorstellen!?

Er liebte mich, obwohl ich von meiner Familie gehasst wurde; er liebte mich, obwohl ich hässlich war. *Er liebte mich, obwohl mir grausame Männer meine Jungfräulichkeit geraubt hatten.* Ich selbst hielt mich immer für »beschädigte Ware«. Und nicht nur beschädigt, sondern auch ungewollt. Gehasst. Aber hier war ein Mann, der den Rest seines Lebens mit mir verbringen wollte. Er kannte meine Vergangenheit, und es machte ihm nichts aus.

Die Beerdigung

Lloyds Beerdigung war am 2. Juli 1985. Mein lieber Freund Rev. Erwin Lutzer, Pastor der Moody Church in Chicago, flog nach Kansas City, um die Grabrede zu halten. Er sprach über Gottes Treue und seine Liebe zu seinen Kindern. Er zitierte jemanden, der einmal sagte: »Gott ist zu gut, um etwas Schlechtes zu tun, und zu weise, um einen Fehler zu machen.«

Als ich den Friedhof verließ, traf mich der Gedanke, dass ich nun Witwe war. Der einzige Mann, den ich je geliebt habe – der einzige Mann, der mich jemals geliebt hat –, war tot. Ich freute mich für ihn, da ich wusste, dass er bei Jesus war. Aber mir war auch bewusst, dass ich mich viele Nächte einsam in den Schlaf weinen würde, weil ich seine zarte Berührung nie wieder spüren sollte.

Der Schmerz, Lloyd zu verlieren, war ebenso tief wie die Verletzungen aus meiner Kindheit – in mancher Hinsicht sogar tiefer. In meinen frühen Lebensjahren kannte ich nur die Liebe Gottes; nun schien es so, als müsste ich mein Leben auch so zu Ende führen. Doch jetzt habe ich Hunderte von Christen als Freunde, und einige von ihnen sind mir näher als ein Bruder oder eine Schwester. Kay und Jack Arthur von Precept Ministries in Chattanooga haben mich in ihrer Familie willkommen geheißen. Ich lebe auf ihrem Campus, teile ihre Freude und Freundschaft und habe das Vorrecht, Teil ihres Dienstes zu sein. Ich liebe meine »Precept«-Familie!

Ich habe zwei wunderbare Kinder und sechs Enkelkinder. Da ich jedoch die Freuden und Intimitäten der Ehe kennengelernt hatte, musste ich mich an die Tatsache gewöhnen, dass das Leben ohne Lloyd nicht mehr dasselbe sein würde. Aber wie könnte ich mutlos werden, da ich doch Gott habe? Noch heute höre ich die Worte, die Gott zu mir im Waisenhaus in Oakland sprach oder als ich in den Pflegefamilien erbarmungslos geschlagen und sexuell belästigt wurde: »Dorie, ich werde bei dir sein. Ich werde für dich alles sein, was du jemals brauchst.«

Der Apostel Paulus schrieb, dass Gott »uns in all unserer Bedrängnis tröstet, damit wir die trösten können, die in allerlei Bedrängnis sind, durch den Trost, mit dem wir selbst von Gott getröstet werden« (2Kor 1,4).

Auf Vortragsreisen im ganzen Land habe ich festgestellt, dass sich verletzte Menschen schnell mit mir identifizieren, weil ich den Weg kenne, den sie gehen. Ich habe persönlichen Schmerz, Einsamkeit und Verzweiflung ebenso erfahren wie Heilung und Gnade. Mit diesem Buch lade ich Sie ein, den Weg mit mir zu gehen. Kommen Sie in mein Beratungszimmer und hören Sie den Verletzungen von Menschen zu, die so tiefen Schmerz erlebt haben, dass sie kaum darüber sprechen können. Hören Sie Geschichten über körperliche Misshandlungen, sexuelle Belästigungen und Beschimpfungen. Aber bitte bleiben Sie da nicht stehen. Lesen Sie weiter über Siege, Versöhnungen und Heilungen.

Wenn Sie *Dorie – ein verwandeltes Leben* gelesen haben, werden Sie bemerken, dass dieses Buch Sie einen Schritt weiter führt. Es ergänzt diese Geschichte durch Einzelheiten. Ich wurde nicht nur körperlich misshandelt und beschimpft, sondern habe auch sexuellen Missbrauch erfahren. Als ich das erste Buch schrieb, hatte ich nicht die nötige Freiheit, das volle Ausmaß meiner Misshandlungen preiszugeben. Opfer von sexuellem Missbrauch können nur schwer darüber reden – niemand möchte sich an solch schmerzhafte Ereignisse erinnern. Und bis vor einigen Jahren wurde von den Opfern erwartet, dass sie diese Geheimnisse für sich behalten. Aber ich kann nicht länger schweigen. In diesem Bericht wird auch ausführlicher beschrieben, wie Gott ihre Verletzungen heilen kann. Doch am wichtigsten ist, dass Sie hier etwas über Gottes heilende Gnade inmitten sexuellen Missbrauchs lesen werden.

Bei fast allen öffentlichen Auftritten kommen Frauen auf mich zu, die unter sexuellem Missbrauch leiden. Ein Sechstel der weiblichen Bevölkerung heute wurde missbraucht. Mit dem zunehmenden Einfluss von Pornografie und dem moralischen Verfall in unserer Gesellschaft steigt auch die Häufigkeit sexuellen Missbrauchs. Eine Schätzung besagt, dass einer von vier weiblichen Säuglingen, die in diesem Jahr geboren werden, sexuell missbraucht werden wird, in den meisten Fällen von einem Mitglied aus dem engsten Familienkreis, einem Verwandten oder einem Freund.

Auch Jungen werden missbraucht, oft von Homosexuellen, die nach »jüngeren Talenten« suchen, wie es in der Welt der Perversion heißt. Manche werden von ihren Eltern oder Gleichaltrigen auf unterschiedlichste Weise missbraucht.

Ich freue mich, dass Gott mein erstes Buch zum Nutzen so vieler Menschen gebraucht hat. Eine Frau schrieb: »Ihr Buch war Teil des Heilungsprozesses in meinem Leben. Während ich Seite für Seite las, erkannte ich so viel aus meinem eigenen Leben darin ... Es war wirklich schmerzhaft, aber gleichzeitig auch eine reinigende Verletzung.«

Mich ermutigte ein Brief, den mir ein Mann von den Philippinen sandte. Er hatte *Dorie* den Studenten seiner Akademie vorgelesen. Er empfand meine Geschichte als sehr traurig, fügte dann aber hinzu, dass er die hellen Stellen in ihr zu sehen begann:

Ich dankte Gott für Ihre Mutter, die Sie trotz ihres Hasses leben ließ. Ich dankte Gott für Ihren Vater, der Sie in die barmherzigen, liebevollen Arme Gottes trieb, als er Ihnen den Rücken zuwandte. Ich dankte Gott für die Liebe Ihres Ehemannes Lloyd, der Ihnen zeigte, wie menschliche Liebe sein konnte. Und ich dankte Gott für all die grausamen Menschen in Ihrem Leben, weil sie Sie zu der Frau machten, die Sie heute sind.

Beim Lesen des Briefes weinte ich. Mein Kindheitstrauma war nicht umsonst. Die Wunden sind noch immer da, aber sie schmerzen nicht mehr so wie einst. Es gibt Hoffnung.

Manche Leute meinen, es sei zu einfach zu sagen, dass

Christus die Antwort auf emotionales Leid ist. Bei einer meiner Konferenzen saß ein vornehmer Gentleman in der ersten Reihe und hörte konzentriert jedem Wort zu. Ich vermutete, er wollte meinen Vortrag über die »Heilung von Verletzungen« kritisch beurteilen, und ich hatte recht.

»Zu vereinfachend«, sagte er anschließend und fügte noch hinzu: »Ich bin praktizierender Psychiater.« Da ich einen Vortrag befürchtete, wollte ich das Gespräch an diesem Punkt abbrechen. Doch er ließ mich nicht gehen. »Aber ich bin auch Christ«, sagte er. »Und ich habe mich dem Druck meiner Berufskollegen ausgesetzt. Vor Kurzem habe ich damit begonnen, Patienten eine Ausgabe Ihres Buches zusammen mit einer Bibel zu überreichen.« Ich war erleichtert zu hören, dass er mir Mut machte. Er war zu dem Schluss gekommen, dass es zwar einfach klingt zu sagen, Christus sei die Antwort, es aber ebenso richtig ist – der Herr kam, um gebrochene Herzen zu heilen und Zerschlagene in Freiheit zu entlassen.

Somit ist dies ein Buch der Hoffnung. Wir müssen nicht allein an unseren Problemen arbeiten. Christus, der wunderbare Ratgeber, steht uns in diesem Prozess bei. Er ist die Antwort auf diese verwundete Welt.

Ich bin keine professionelle Seelsorgerin. Aber ich verfüge über zwei Eigenschaften, die anderen Menschen mit einer ähnlichen Vorgeschichte wie meiner geholfen haben. Erstens kann ich mich mit emotionalem Schmerz und Leid identifizieren. Ich habe gelernt, den Geschichten zuzuhören und sie zu glauben. Ich höre, weil ich es selbst erfahren habe. Zweitens glaube ich fest an die Kraft Christi, der die Verletzungen der Vergangenheit heilen kann.

Dieses Buch handelt vom Sieg, weil Christus die Antwort ist! Mein aufrichtiges Gebet ist, dass Tausende von Menschen entdecken, dass Gott Verletzungen nur zulässt, um uns heilen zu können. Dieser angeschlagenen Welt möchte ich sagen: Es gibt einen Erlöser, der jeden von uns heilen kann.

Liebe Dorie,

als du über dein Leben schriebst, hast du ... den Menschen tief im
Inneren berührt, wo der Schmerz so intensiv ist.
Meine Schwester und ich wurden von unserem Vater belästigt.
Gott hat mich von der Scham befreit, die mich zurückhielt, über
meine Vergangenheit zu sprechen. Ich war so lange verletzt und in
mir selbst gefangen, aber die dunklen Punkte mussten aufgedeckt
werden.
Mein Vater war Pastor. Sollte es mich beeindrucken, wenn jemand
ein Sonntagsschullehrer oder ein Missionar ist oder eine andere
Arbeit für Gott tut? Ich sage: Schau dir ihre Kinder an und such, ob
du das Kind im Innern findest. Manchmal ist in diesen Familien eine
böse Dunkelheit und Einsamkeit versteckt.
Wie ein angebrochenes Gefäß müssen wir ins Licht gehalten
werden, um festzustellen, ob ein Riss erkennbar ist oder nicht.
Ich habe Gott mein gebrochenes Gefäß gegeben, das ich nach
außen hin so makellos erscheinen ließ. Jetzt, da es im Licht Gottes
aufgedeckt wurde, kann er seine Liebe durch mich erstrahlen
lassen. Ich bin sein Gefäß – das gebrochene Gefäß, das niemand
lieben wollte und auf das keiner stolz war. Ein gebrochenes Gefäß
erkennt seinesgleichen. Gott heilt gebrochene Gefäße.

Wegen Jesus
M.

Wer wird mein Schreien hören?

Das Problem von missbrauchten Kindern ist, wie jemand ganz richtig beobachtet hat, dass sie sich nirgendwo ausweinen können. Stellen Sie sich vor, wie es ist, wenn man ein dunkles Missbrauchsgeheimnis für sich behalten muss. Es einem verantwortlichen Menschen mitzuteilen, bedeutet, Strafe oder Unglauben zu riskieren.

Zu meiner Bestürzung habe ich gelernt, dass sexueller Missbrauch auch in christlichen Familien vorkommt – sogar bei christlichen Führungspersonen. Diese verborgene Sünde geschieht hinter geschlossenen Türen in einigen unserer meistgeachteten Familien. Sie passiert überall.

Diese dunklen Geheimnisse machen die Seele bitter, kalt und überaus traurig. Sie sind der Grund für Neurosen und führen außerdem zum Rückzug aus der Gesellschaft oder sogar zu Selbstmordgedanken.

Der Teil unserer Seele, den wir voreinander verstecken (und möglicherweise auch vor Gott), wird zum Sitz unserer Probleme. Vielen Menschen könnte geholfen werden, wenn sie nur ein offenes Ohr und ein mitfühlendes Herz fänden.

Jahrelang verbarg ich ein Geheimnis, das ich nur Gott und meinem Ehemann erzählte. Ich dachte, sie wären die Einzigen, denen ich vertrauen könnte. Ich dachte, die Menschen würden mir nicht glauben, wenn ich ihnen sage, dass ich sexuell missbraucht wurde. Doch jetzt erzähle ich meine Geschichte, weil ich Hunderte von Frauen getroffen habe, die sich mit meinem Leid identifizieren können.

Meine Schwester und ich verließen das Waisenhaus, als ich dreizehn war. Wir wurden in eine Pflegefamilie gebracht und unterstanden nun einer Frau, die wir »Granny« (»Oma«) nannten. Ich besuchte die Junior High School und Marie ging auf eine Grundschule in der Nähe.

Seit dem Tag unserer Ankunft schüchterte Granny uns ein. »Wenn ihr nicht auf mich hört, bekommt ihr *das* hier«, warnte sie uns, während sie mir mit der blanken Hand eine Ohrfeige gab. Die Schläge schmerzten, aber ich versuchte nicht zu weinen.

Es gab aber etwas, das noch viel schlimmer war als die Schläge in Grannys Heim. Als ich eines Abends schlief, kam ihr Mann in mein Zimmer, weckte mich und verlangte von mir, meine Kleidung auszuziehen. Ohne weitere Erklärungen zwang er mich dann zu sexuellen Handlungen zur Befriedigung seiner perversen Neigungen und Lüste.

Das war die erste von vielen solcher Erfahrungen. *Ich hasste allein schon den Anblick des Mannes!* Er war groß, stark und schwer. Ich konnte nichts tun, um ihn daran zu hindern, meinen Körper zu schänden. Er warnte mich, dass er mich töten würde, wenn ich jemandem davon erzählte, und ich glaubte ihm. Nach fast jeder dieser traumatischen Begegnungen sperrte er mich in einen Wandschrank, bis ich aufhörte zu weinen. Wenn ich die Tür einen Spalt öffnete und er noch in der Nähe war, missbrauchte er mich noch einmal. Einmal schluchzte ich so intensiv und wütend, dass ich meine Hände durch die Hosentaschen stieß und sie zerrissen.

Das Einzige, was mich in diesen furchtbaren Tagen am Leben hielt, war das Wissen, dass Gott bei mir war. Im Waisenhaus hatte mir eine christliche Oberschwester namens Irma Freman eine Ausgabe des Neuen Testaments geschenkt. Jeden Tag las ich ein paar Verse und versuchte sie so gut auswendig zu lernen, wie ich konnte. »Herr, du hast mir verheißen, immer bei mir zu sein«, sagte ich dann. »Alles, was ich habe, bist du.«

Nach etwa vier Monaten bei Granny wurden Marie und ich in ein Mädchenheim gebracht, das unter staatlicher Vormundschaft stand. Dort konnten wir uns etwas von der Grausamkeit der letzten Monate erholen. Leider war unser Aufenthalt nur von kurzer Dauer. Uns wurde mitgeteilt, dass wir in eine weitere Pflegefamilie verlegt würden. Wir freuten uns darauf und dachten, wir fänden vielleicht jemanden, der uns liebt. Dazu kam es aber leider nicht.

O nein, nicht schon wieder!

Als die Türglocke im Mädchenheim läutete, war ich fassungslos. Dort stand Granny vor mir und schaute so böse wie immer. »Wir sind gekommen, um euch zu einer Familie in San Francisco zu bringen«, sagte sie und zeigte auf den neben ihr stehenden Sozialarbeiter.

Wie wir erfuhren, kannte Granny unsere Mutter. Die Verbindung zwischen ihnen haben wir nie richtig verstanden, uns wurde aber gesagt, dass sie im Auftrag unserer Mutter kam. Meine Schwester wurde zu einer Familie gebracht, die sie wirklich haben wollte. Ich kam zu einer Familie, die meine Mutter kannte.

Das Leben im Haus der Makins war sehr schlecht, wenn nicht gar schlechter als meine Erfahrungen bei Granny. Mr. Makin war ein kleiner stämmiger Mann mit einer breiten Brust. Er erinnerte mich an einen Gorilla. Mrs. Makin blickte streng mit ihrem grauen Haar mit Mittelscheitel. Sie erlaubte mir nur ein einziges Bad im Monat und eine Haarwäsche alle acht Wochen. Über der Tür hing ein Kalender, in dem die Badetage eingetragen waren. Ich musste mich vor ihr ausziehen, und wenn ich nass war, schlug sie mich mit einem Lederriemen. Den brennenden Schmerz spüre ich noch immer.

Oft wurde ich direkt vor der Schule geschlagen, sodass ich den acht Kilometer langen Weg mit einer blutigen Nase oder einem blauen Auge antrat. Unterwegs versuchte ich meine Verletzungen auf der Toilette einer Tankstelle zu tarnen. Heute bin ich überzeugt: Meine Lehrer und andere Erwachsene müssen gesehen haben, dass ich misshandelt wurde. Aber sie taten so, als würden sie nichts bemerken. Hätten sie nachgefragt, wären sie verantwortlich gewesen. Anscheinend wollte niemand etwas damit zu tun haben.

Mein Haar verfilzte sich, und ich bekam Läuse. Also wurde mein ganzes Haar abrasiert. Weil es mir peinlich war, wickelte ich ein Tuch um meinen Kopf. Die anderen Kinder rissen es weg, lachten und hänselten mich.

Meine Handgelenke und Knöchel waren mit Schmutz überzogen. Wenn ich den Klassenraum betrat, sagten die anderen Schüler, während sie mir den Rücken zukehrten: »Da kommt die Stinkerin!«

Ich freute mich auf den langen Hin- und Heimweg von der Schule. In dieser Zeit redete ich zu Gott. Nach der Schule kroch ich manchmal in Kisten in einer Gasse oder kauerte hinter Abfalleimern auf der Suche nach einem Ort, wo ich beten und mich ausweinen konnte.

Die Schläge, die ich bei Granny erfahren hatte, setzten sich bei den Makins fort. Sie schlugen mich erbarmungslos. Wieder einmal lief ich nach draußen, um mich unter einer Treppe oder in einer Gasse zu verstecken und nach einem Ort zu suchen, wo ich weinen konnte.

Mein Bett hatte Rollen und stand im Flur, der vom Esszimmer zum Schlafzimmer der Makins führte. Häufig gingen fremde Männer an meinem Bett vorbei ins Schlafzimmer. Ich betete, dass sie mich nicht berührten.

Eines Tages sagte Mrs. Makin zu einem der Männer: »Los, nimm sie dir. Ich bleibe im Nebenzimmer.« Der Mann überwältigte mich, zerriss meine Kleider und zwang mich zu sexuellen Handlungen. Wieder schrie, bettelte und bat ich, dass ich diese Perversionen nicht tun musste. Aber niemand erhörte mein Schreien. Niemand kam zur Hilfe.

Bald schon kamen andere Männer wegen »des kleinen Mädchens« ins Haus. In San Francisco sind die Häuser so eng aneinandergebaut, dass nur eine schmale Gasse zwischen ihnen liegt. Wenn ich die Männer kommen hörte, rannte ich manchmal durch diese Gasse und versteckte mich unter einer Treppe oder lief zur anderen Seite des Häuserblocks. Ich kann mich noch erinnern, dass ich mich eines Abends versteckte und mitanhörte, wie die Männer zueinander sagten: »Wo ist sie? Wo könnte sie hingegangen sein?«

Als ich mich in den schmalen Zwischenraum kauerte und darauf wartete, dass die Männer gingen, schürfte ich mir die Knie auf. In der Nähe muss irgendwo verfaulender Abfall gelegen haben, denn ich erinnere mich noch gut, wie es nach toten Ratten stank. Unter Tränen schluchzte ich: »Wenn ich nur eine Mutter hätte, wäre mir das nicht passiert!« Dann schien mich ein Licht zu umgeben, und ich spürte Frieden. Ich hörte die Männer sagen: »Hier ist sie nicht.« Sie gingen. Dieses Mal beschützte Gott mich.

Es gab aber Zeiten, in denen Gott mich nicht beschützte. Ernstlich bat ich den Herrn um Hilfe und Schutz, aber noch immer wurde ich von bösen Männern sexuell missbraucht. Einmal warf ich einem Angreifer eine Tasse heißen Kaffee entgegen, wurde aber nur umso schwerer geschlagen und missbraucht.

Niemand musste mir sagen, dass das, was sie mit mir machten, pervers und schmutzig war. Es ist nicht möglich, das Gefühl von Scham und Ekel zu übertreiben, welches diese Handlungen in meiner Seele hervorriefen. Lange Zeit lief ich vor jedem weg, der mich anfassen wollte, auch wenn es nur eine unschuldige Berührung war.

Gott schützte mich nicht vor der Vergewaltigung meines Körpers, aber dennoch klammerte ich mich an ihn und glaubte, dass er bei mir war. Er schenkte mir die Gnade, meine Prüfungen zu ertragen. Aus diesem Grund war ich nie bitter oder wütend auf meinen himmlischen Vater. Er hatte mich ausgewählt, dass ich ihm gehöre; er hatte die Studenten ins Waisenhaus geführt, um mir von seiner Liebe zu erzählen. Ungeachtet der Leiden, die ich hier ertragen musste, weiß ich, dass sie nicht mit der Herrlichkeit verglichen werden können, die in uns geoffenbart wird. Gott hat für mich einen Platz im Himmel reserviert, damit ich für immer bei ihm bin. Die Ewigkeit ist eine lange Zeit. Eines Tages werde ich mit meinem Erlöser sprechen, der zu mir stand, als niemand sonst es tat. Vielleicht wird er mir sagen, warum ich durch all diese Tränen gehen musste. Und vielleicht wird er auf einige Menschen zeigen und sagen: »Dorie, sie sind hier, weil du ihnen von meiner Gnade und Macht erzählt hast.« Nur ein Wort meines Erlösers reicht, um meine Vergangenheit auszugleichen.

Ich glaube, Gott ist souverän; er kannte den ersten Tag meines Lebens – ebenso, wie er den letzten kennt, und alle Tage dazwischen. Nichts kann mir passieren, was nicht zuerst durch seine liebende Hand gegangen ist. Er wusste: Eines Tages würde dieses schmutzige kleine Mädchen vor Tausenden von Menschen stehen und ihnen von Gottes Treue erzählen – und dass nichts in ihrem Leben zu schwer ist für Gott.

Menschen haben mir gesagt: »Dorie, du hast überlebt, weil du einen solch starken Glauben hattest.« Das ist nicht wahr. Ich habe überlebt, weil ich niemanden hatte, zu dem ich gehen konnte – außer dem Herrn. Sonst gab es wirklich niemanden. Manchmal habe ich an Gott gezweifelt, aber ich habe ihn nie gehasst.

Sind Narben zurückgeblieben? Natürlich. Aber an einer Narbe gibt es etwas Schönes. Sie bedeutet, dass du geheilt wurdest – und dich auf dem Weg der Besserung befindest. Im ganzen Land begegnen mir Menschen, die emotional verwundet sind, und bei vielen von ihnen sind diese Wunden noch immer offen. Manchmal treffe ich Menschen, die an ihrer Bitterkeit festhalten; sie halten die Erinnerungen an die schmerzlichen Ereignisse aus der Vergangenheit lebendig. Im Grunde kratzen sie die Hautkruste auf, um zu sehen, ob schon eine Heilung eingetreten ist – oder auch, um das Gegenteil zu beweisen.

Der Heilungsprozess ist mit einer größeren Operation vergleichbar. Nach der Operation schmerzt die frische Wunde, wenn sie aber gut vernäht ist, beginnt die Heilung. Das Fleisch wächst langsam wieder zusammen, und der ganze Wundbereich erholt sich. Schließlich kann die Narbe berührt werden, ohne dass man es spürt.

Heute sage ich den Menschen: »Geben Sie Gott nicht die Schuld für das, was mit kleinen Kindern geschieht!« Es stimmt, dass schreckliche Dinge im Rahmen seines zulassenden Willens passieren und dass er sie verhindern könnte. Aber er *tut* das Böse nicht, und er hat gute Gründe, solche Dinge geschehen zu lassen.

Hiob verfluchte Gott nicht, obgleich er seine Kinder, seinen Besitz und seine Gesundheit verloren hatte. Seine Frau gab ihm den Rat: »Sage dich los von Gott und stirb!« Er aber nannte sie töricht und fragte: »Wir sollten das Gute von Gott annehmen, und das Böse sollten wir nicht auch annehmen?« (Hi 2,10). So sündigte Hiob nicht mit seinem Mund oder klagte Gott törichterweise an.

Ebenso muss ich meine Zuhörer erinnern: »Glauben Sie nicht den Psychiatern, die behaupten, Missbrauchserfahrungen würden Sie für den Rest Ihres Lebens ruinieren, sodass Sie nie wieder normal werden könnten.« Leider haben viele Menschen der Lüge Glauben geschenkt, dass sie aufgrund ihrer vergangenen Missbrauchserfahrungen nie wieder glücklich werden können. Das stimmt nicht. Als Christus uns die Verheißung von völliger Freude gab, sprach er meiner Meinung nach von allen Christen, ungeachtet ihrer Lebensgeschichte. Er ist wirklich imstande, gebrochene Herzen zu heilen. Ich hatte beispielsweise das Glück, mit einem verständnisvollen Ehemann verheiratet gewesen zu sein, der mich trotz meiner Missbrauchserfahrungen liebte. Er war zart und mitfühlend, und durch seine Liebe wurde unsere sexuelle Beziehung wunderschön und erfüllend. Das beweist, was Gott tun kann.

Der Wert von Tränen

Ich weiß, was es heißt, einen Ort zu suchen, an dem man sich ausweinen kann. In diesen schweren Jahren habe ich oft nach einem Ort zum Weinen gesucht – nach einem Wandschrank, einem verlassenen Grundstück oder einer Gasse. Könnte man all die Tränen, die ich vergossen habe, sammeln, sie würden sicherlich ein bis zwei Eimer füllen. Tränen sind ein wesentlicher Teil im Umgang mit Leid.

Das Neue Testament berichtet von zwei Begebenheiten, anlässlich derer Jesus weinte. Als er an Lazarus' Grab stand, und als er mitfühlend auf die Stadt Jerusalem blickte – in diesen Augenblicken nahm unser Herr am Leid von sterblichen Menschen teil. Seine Tränen geben unseren ihre Berechtigung.

Ich habe oft über Davids Worte nachgedacht, der viele Tränen vergoss, weil er von gottlosen Menschen bedrängt wurde. »Meine Feinde schnauben den ganzen Tag«, schreibt er. »Denn viele bekämpfen mich in Hochmut« (Ps 56,3). Und er fährt fort: »Meine Worte verdrehen sie den ganzen Tag, alle ihre Gedanken sind gegen mich zum Bösen. Sie rotten sich zusammen, verstecken sich, sie beobachten meine Fersen, weil sie meiner Seele auflauern« (V. 6-7).

Nahm Gott Notiz davon, dass David von seinen Feinden schlecht behandelt wurde? Sehen Sie, was folgt: »Mein Umherirren zählst du. Lege in deinen Schlauch meine Tränen; sind sie nicht in deinem Buch?« (V. 9). David glaubte, seine Tränen würden in einen Schlauch gefüllt werden, Gott würde sie in ein spezielles Buch schreiben. Gott tat das für David, und ich möchte meinen, dass er dasselbe auch für mich getan hat. Gott hat meine Tränen bemerkt und sie als ein Symbol meines Leidens und seiner besonderen Fürsorge gesammelt. Ich habe nicht umsonst geweint. Obwohl diese Tränen schon lange getrocknet sind, hat Gott sie nicht aus den Augen verloren. Mein Freund, in Gottes Gegenwart können Sie sicher weinen. Eines Tages wird er die Tränen von Ihren Augen abwischen, aber bis dahin sammelt er sie als einen für ihn kostbaren Duft.

Eine junge Dame schrieb mir: »Dorie, danke dafür, dass du mich zum Weinen gebracht hast. Ich betete, dass der Herr mir jemanden sendet, der weiß, was ich im Herzen fühle. Ich habe gute Freunde, aber ich brauchte einen Menschen, die mich berührt und meinen Schmerz kennt. Jetzt kann ich weitergehen, weil ich weiß, dass jemand meine Situation kennt.«

Als der Leib Christi sollten wir den Menschen erlauben zu weinen. Manche Frauen durften nie Kind sein, als sie aufwuchsen. Soweit sie sich zurückerinnern können, haben sie Kränkungen ertragen, die selbst für Erwachsene zu viel sind. Das kleine Mädchen im Innern muss herauskommen. Wir sollten sie weinen lassen.

Mein Herz zerbricht noch immer, wenn ich an die Tausende von Kindern dort draußen denke, die entweder körperlich oder sexuell (oder beides) missbraucht werden und die Christus nicht als ihren Erlöser kennen. Sie müssen mit dem Trauma allein fertig werden und können sich nirgends hinwenden. Ihnen mag Gott kalt, unpersönlich und grausam erscheinen. Einige schlagen wütend gegen den Allmächtigen aus und gegen die Menschen, von denen sie misshandelt wurden. Auch nachdem sie erwachsen und in der Gesellschaft integriert sind, führen sie ein emotional einsames Leben. Sie haben nie das Gefühl, zu irgendjemandem zu gehören. Niemand hilft ihnen, ihr Trauma zu tragen; niemand erleichtert ihnen die Last. Die Familie, in die sie hineinheiraten, ist oft ebenso grausam wie die, in der sie aufgewachsen sind.

Christus kennt all unsere dunklen Geheimnisse. Wir sagen ihm unsere innersten Gedanken, und er schenkt uns sein offenes Ohr. Derselbe Christus, der mir meine Sünden vergab und mir half, mit meiner schweren Vergangenheit klarzukommen, ist auch für Sie da. Sein Kreuzestod war ein Opfer für Sünder, damit wir alle für immer in seiner Familie aufgenommen werden können. Wir müssen ihn aber in unser Leben hineinlassen. Im Waisenhaus in Oakland glaubte ich an ihn und empfing sowohl seine Gesellschaft als auch das Geschenk des ewigen Lebens. Wenn Sie das bisher noch nicht getan haben, dann lesen Sie nicht weiter. Sie haben mit Gott etwas in Ordnung zu bringen.

Um Ihre Vergangenheit hinter sich zu lassen, müssen Sie zuerst mit diesen dunklen Geheimnissen fertig werden. Bringen Sie sie zu Gott. Natürlich kennt er sie schon; er kennt sogar jedes Detail Ihrer Lebensgeschichte. Indem wir die Sache vor unseren himmlischen Vater bringen, haben wir den Vorteil, mit jemandem zu sprechen, der die Einzelheiten bereits kennt, wenn uns die Worte fehlen. »Ebenso aber nimmt auch der Geist sich unserer Schwachheit an; denn wir wissen nicht, was wir bitten sollen, wie es sich gebührt, aber der Geist selbst verwendet sich für uns in unaussprechlichen Seufzern« (Röm 8,26). Der Heilige Geist nimmt die Seufzer der Seele und kleidet sie in Worte. Er hilft uns bei unserer Fürbitte.

Suchen Sie sich anschließend einen Freund, der Ihnen glaubt. Vielleicht ist es jemand, der auch Missbrauchserfahrungen gemacht hat, obgleich das nicht unbedingt nötig ist. Es gibt viele gute mitfühlende Christen, die ein solches Trauma nicht erlebt haben. Sie brauchen die Kraft des Leibes Christi, um geheilt zu werden.

In der Nacht,
ohne Kuss ins Bett,
ohne den Segen eines Menschen,
das weinende Kind
zittert und seufzt,
bis die Tränen vertrocknen
und es erschöpft ist.

Am Morgen
sammelt es vorsichtig
die zerlumpten Ränder seiner Kleidung,
um seine Nacktheit zu verbergen,
und geht auf Zehenspitzen
in einen weiteren Tag ohne Liebe.

O, erzähl ihm von dem einen,
der verspricht:
»Ich will dich nicht versäumen
und dich nicht verlassen«,
denn »mit ewiger Liebe habe ich dich geliebt«.

Nancy Spiegelberg

Liebe Dorie,

ich habe nie jemandem von meiner Vergangenheit erzählt, die ich mit dir teile, und ich wusste nicht, wie tief sie in mir verborgen war. Als ich einzelne Dinge aus meiner Vergangenheit erzählte und schließlich alles, riss der Herr diesen Schmerz mit der Wurzel aus und heilte mich. In den nachfolgenden Tagen konnte ich eine Veränderung in mir spüren.

In Liebe
L.

Konfrontation mit meiner Vergangenheit

Im November 1988 suchte ich mit meiner Tochter Darlene und meinem Enkelsohn Derek das Waisenhaus in Oakland auf, vor dem meine Mutter mich und meine Schwester absetzte und in dem sie uns in sieben Jahren nur zwei Mal besuchte. Dort wurde ich jeden Abend wegen schlechten Benehmens geschlagen – manchmal zu Recht, aber oft wegen nichts. Noch schlimmer war, dass ich häufig sexuell missbraucht wurde. Dies ist die Geschichte, die ich schließlich bereit war zu erzählen.

Das Gebäude ist mittlerweile eine Kunstschule geworden, in der studiert und gemalt wird. Mit einer Mischung aus Besorgnis und Aufregung läuteten wir an der Tür.

Eine freundliche Dame führte uns durch das Gebäude, da viele Türen zur Sicherung der Ausstellungsstücke verschlossen waren. Ich beschrieb ihr und Darlene die vielen Veränderungen, die seit den Tagen stattgefunden hatten, als es noch ein Waisenhaus war. Einige der ursprünglichen Wände waren abgerissen worden, um größere Räume zu schaffen. Andere Wände hatte man umgestaltet, und die alten grünen Fliesen, an die ich mich noch gut erinnern konnte, waren durch einen neuen Fußboden ersetzt worden. Ich ging durch den einstigen Speisesaal und öffnete die Tür, die zum Salon führte. Vor vielen Jahren saß ich dort auf einem Klappstuhl und ließ Gottes Liebe in mein Herz hinein. Ich erinnerte mich an die Worte der Studentin: »Denkt daran: Gott liebt euch.«

Durch zwei große Schwingtüren gingen wir nach oben und betraten meinen ehemaligen Schlafsaal. Darlene stand vor dem langen Fenster und rief mir zu: »Mom, stand hier dein Bett?«

»Ja.«

»War das die Tür zu Miss Gabriels Zimmer?«

»Ja, Schatz.«

»Mom, kommst du mal rüber?« Als ich bei ihr war, umarmte sie mich, und Derek kam hinzu und wir weinten zusammen. »Ich liebe dich so sehr«, sagte sie.

Wir gingen in jeden Raum. Wir sahen den langen schmalen Wandschrank mit Fächern, in dem unsere Kleider hingen; dann betraten wir den Raum, in dem wir uns anzogen. Der ursprüngliche Spiegel mit einem Riss hing noch immer an der Wand, so wie ich mich an ihn erinnerte. Ich war oft in den Ankleidebereich geschlichen, machte mein lockiges Haar nass und kämmte es auf unterschiedlichste Weise, um größere Chancen auf eine Adoption zu haben. Doch nie kam ein Paar, das mich mit nach Hause nahm.

Zur Rechten lagen die beiden Toiletten, die eine für die Schwestern und die andere für uns. Obwohl eine zu einem Büro umfunktioniert wurde, durfte ich die Tür öffnen. »Darlene! Dort ist er!«, rief ich.

Der ursprüngliche grüne Boden, an den ich mich so lebhaft erinnerte, war noch immer vorhanden. Darlene starrte auf den Linoleumboden, über den sie so viel gehört hatte. Wir gingen einen Schritt zurück, und ich machte ein Foto.

Anschließend setzten wir unseren Rundgang unten in der Halle fort. Ich zeigte auf das Nähzimmer und das Krankenzimmer – der einzige Ort, an dem wir gut behandelt wurden. Am Ende der Halle befand sich eine weitere Tür, aber ich drehte mich weg und wollte zurückgehen.

»Wollen Sie diesen Raum nicht sehen?«, fragte mich die Dame.

»Nicht unbedingt.« Nein, diesen Raum wollte ich wirklich nicht sehen. Darlene hatte von mir Dutzende Male gehört, wie das Leben im Waisenhaus war, aber diese Sache hatte ich vor ihr verborgen. Ich war mir nicht sicher, ob ich den Rest der Geschichte gerade jetzt erzählen wollte.

»Würden Sie bitte mitkommen?«, fuhr die Frau unbeirrt fort.

Mit innerem Widerstand folgte ich ihr. Als sie die Hand auf die Türklinke legte, fragte sie: »Können Sie uns sagen, was hier geschah?«

Plötzlich gab ich das Geheimnis preis, das ich nur Lloyd anvertraut hatte. Mittlerweile hatten sich unserer Besichtigung einige Kunststudenten angeschlossen, die an der Geschichte des Gebäudes interessiert waren. »Das ist das Zimmer, in dem wir sexuell missbraucht wurden«, sagte ich.

Sie öffnete die Tür. Der Raum war umgestaltet worden. Ich erklärte, dass sich dort in der Ecke eine Toilette befand, und wenn ich ungezogen war, steckte eine Schwester meinen Kopf in die Schüssel und betätigte die Spülung. Sie sagte, dann würden meine Augen und meine Zähne ausfallen. Während das Wasser um meinen Kopf und meine Augen wirbelte, blies ich die Luft aus und versuchte wie wild, das Wasser aus meiner Nase herauszuhalten.

In der Nähe stand ein Schrank mit Haken an der Wand. Wenn ich in diesem Zimmer war, wurden meine Hände mit Stricken festgebunden und um die Haken gewickelt. Ich hing dann dort angeblich als Strafe für meine Missetaten.

Ich ersparte der Gruppe die schrecklichen Einzelheiten. Die für diese Misshandlungen verantwortliche Schwester nahm mich mit in diesen Raum und zwang mich zu sexuellen Handlungen mit ihr. Sie war hart, übergewichtig und sprach in einem rauen Ton. Sie packte mich am Hals und schlug meinen Kopf an die Wand. Als sie meine Arme und Beine verdrehte und grausame Strafen androhte, hatte ich keine Wahl und musste tun, was sie mir befahl. Niemand musste mir sagen, dass solch unnatürliche sexuelle Erfahrungen falsch waren. Glücklicherweise wurde diese Schwester irgendwann entlassen. Aber die Erinnerungen an diese furchtbaren Dinge verfolgten mich noch jahrelang.

»Wissen Sie, wieso dieser Raum renoviert wurde?«, fragte mich die Frau. »Vor Jahren war ein Feuer in ihm ausgebrochen«, erklärte sie und beantwortete so ihre eigene Frage.

»Ein Gericht Gottes!«, sagte ich spontan. Ich schaute Darlene nicht an, weil ich wusste, dass ihr die Tränen in den Augen standen. Die Frau lächelte. Als sie die Tür schloss, meinte sie: »Ich muss Ihnen etwas sagen; ich habe bemerkt, dass in Ihrem Gesicht keine Bitterkeit ist und kein Hass in Ihrer Stimme.«

»Nein, Madam. Wissen Sie: Vor vielen Jahren begegnete ich unten im Salon einem Mann namens Jesus, und mit der Zeit nahm er die Bitterkeit und den Hass weg. Und jetzt bin ich davon befreit und heil.«

Sie schaute die anderen an, die sich uns angeschlossen hatten, und sagte: »Alles, was diese Frau gesagt hat, wurde von anderen Personen, die hier lebten, bestätigt. Sie alle haben dieselbe Geschichte erzählt.«

Jetzt blickte ich Darlene an, der die Tränen die Wangen hinunterliefen. »Darlene, deine Mutter hat in all den Jahren die Wahrheit erzählt.«

»Ich weiß, ich weiß!«, erwiderte sie.

»Aber es ist gut zu wissen, dass andere es bestätigt haben.«

Bis jetzt wusste Darlene nicht, dass ich im Waisenhaus sexuell missbraucht wurde. Aber die Bestätigung der Frau war ein weiterer Beweis dafür, dass meine Lebensgeschichte wirklich stimmte. Für mich war es, als hätte Gott seinen Stempel auf alles gedrückt, was ich anderen jahrelang berichtet hatte. Nun konnte ich die ganze Geschichte erzählen, ohne befürchten zu müssen, dass man mir nicht glaubte.

Unsere Besichtigung war zu Ende, und ich wartete, bis sich alle zur Eingangshalle aufgemacht hatten. Dann ging ich allein zu dem Raum zurück, legte meine Hand an die Tür und betete. Tränen flossen über mein Gesicht, während ich zu meinem himmlischen Vater sprach, meinem Freund, der mich vor so vielen Jahren in diesem Gebäude errettet hatte. »Herr, ich danke dir für diesen letzten Blick in meine Vergangenheit. Danke, ich weiß, dass nun alles hinter mir liegt. Danke, ich weiß, dass du mich berührt und mich heil gemacht hast.«

An dem Tag, als die Frau die Tür zu diesem letzten Raum zumachte, wusste sie nicht, wie fest sie die Tür zu einem schrecklichen Kapitel meines Lebens schloss. Es war so, als hätte ich meine Vergangenheit für immer hinter mir gelassen und könnte nun sagen: »Alles ist in Ordnung.« Und es gab mir die Möglichkeit, mich von Gott gebrauchen zu lassen, anderen zu helfen, dieselbe Tür zu schließen.

Nach einem Vortrag auf einer Familienfreizeit zog mich eine Frau zur Seite, öffnete ihr Portemonnaie und holte ein Foto heraus. Ungläubig sah ich es an. Auf dem Foto standen mehrere Mädchen in einer Reihe. Im Hintergrund erkannte ich das Waisenhaus in Oakland. »Kenne ich Sie?«, fragte ich.

»Sehen Sie das Mädchen, das neben Ihrer Freundin steht? Das bin ich. Ich war in demselben Waisenhaus«, erklärte sie. Wir errechneten die Jahre, die jede von uns dort war. Sie hatte das Waisenhaus etwa drei Jahre vor meiner Ankunft verlassen. Wir hatten ein paar gemeinsame Freundinnen.

Hier ist ihre Geschichte.

Sie wurde in eine Familie mit sechs Kindern hineingeboren. Ihre Mutter wurde schließlich geistesgestört und musste in eine Anstalt für Geisteskranke gebracht werden. Da keiner der Verwandten alle sechs Kinder aufnehmen konnte, wurden sie unter den Verwandten und Freunden aufgeteilt. Diese Frau wurde in eine Familie gegeben, die ein Haus mit einer anderen Familie teilte.

Im Alter von sechs bis neun Jahren wurde sie wiederholt von den beiden Männern im Haus geschlagen und vergewaltigt. Als ihre Mutter starb, verteilte man die Kinder noch einmal neu und informierte die beiden Familien, dass sie ihnen weggenommen wird. Die beiden Männer nahmen sie mit in einen Raum, um sie ein letztes Mal zu warnen: »Wenn du jemals davon erzählst, was wir getan haben, dann werden wir das mit dir machen …«

Sie nahmen eine Rasierklinge und schnitten ihr in den Arm, bis er blutete. Anschließend zogen sie die Haut an beiden Seiten ihres Halses auseinander und nagelten sie mit langen, dünnen Nägeln an den Boden. Dann zogen sie die Nägel wieder raus.

Ihre Tante holte sie ab und brachte sie in das Waisenhaus in Oakland. Aus welchem Grund auch immer: Die Oberschwester nannte die Neunjährige »das schmutzige, kleine Mädchen«.

Da die Kinder das Waisenhaus mit zwölf Jahren verlassen mussten, kam dieselbe Tante drei Jahre später zurück. Sie setzte das Kind vor der Tür eines Mädchenheims ab und sagte: »Mir ist es gleich, wohin du gehst. Du kannst entweder dort reingehen oder auf die Straße, aber ich will dein Gesicht nie wieder sehen.«

Sie entschied sich für das Mädchenheim. Dort musste sie die üblichen Hausarbeiten verrichten und lernen, sich so gut wie möglich anzupassen. Anschließend ging sie zum Arbeiten in eine Pflegefamilie. Aber die Familien, denen sie diente, liebten sie nicht. Wenn sie durch die Straßen schlenderte, hielt sie manchmal an einer Kirche in der Nachbarschaft an, ging aber nicht hinein. Sie war ein »schmutziges, kleines Mädchen«, und Kirchen waren für »gute, saubere Menschen«. Sie wurde nie von jemandem hereingebeten.

Als Teenager heiratete sie und brachte mehrere Kinder zur Welt. Aber ihre Ehe war eine Katastrophe. Als sie sechsundzwanzig war, fiel sie einem Ladenbesitzer in Texas auf. »Du bist neu hier. Warum kommst du nicht mit uns zur Gemeinde?« An diesem Tag sprach der Pastor von Gottes Liebe. Sie sagt, sie hob ihr Kind wie einen Sack Zucker hoch und ging nach der Predigt nach vorne, um Christus als ihren Erlöser anzunehmen.

»Aber«, sagte sie, »meine Geschichte habe ich niemandem erzählt. Ebenso wenig habe ich die Bibel studiert oder bin im Glauben gewachsen. Irgendwann hat mir jemand eine Ausgabe Ihres Buches gegeben, und ich konnte es kaum glauben. Ich erkannte, dass ich im selben Waisenhaus aufgewachsen war wie Sie. Ich dachte: *Wenn ich sie nur treffen könnte!*«

Warum hat diese Frau ihre schreckliche Geschichte fast vierzig Jahre für sich behalten? Sie fürchtete, niemand würde ihr glauben und es verstehen. Sie sagte, mir könne sie ihre Geschichte erzählen, weil sie wusste, dass ich zuhören und ihr glauben würde.

»Meine Liebe«, sagte ich, »ich habe Ihnen nicht nur mit meinen Ohren zugehört, sondern auch mit meinem Herzen.«

Wie ein gebrochener Damm liefen ihr die Tränen die Wangen hinunter und fielen auf ihre Bluse. Ich hielt sie in den Armen.

»Ich bin innerlich so verletzt«, flüsterte sie, als sie sich wieder gefasst hatte.

»Wenn ich Ihnen zeige, wie das geht, bringen Sie Ihre Verletzungen dann zum Herrn?«

»Ja, das werde ich.«

Sie schüttete alles vor Gott aus – den Schmerz, den sexuellen Missbrauch, die gescheiterte Ehe, die Einsamkeit und die Zurückweisung.

Ich fragte sie, ob ich ihre Geschichte am nächsten Abend erzählen dürfte. Sie war einverstanden. Sie saß auf dem zweiten Stuhl vom Gang aus gesehen und hielt mir den Platz neben ihr frei. Nachdem ich den Zuhörern ihre Geschichte erzählt hatte, rief sie laut genug, um von allen gehört zu werden: »Dorie, ich bin frei!«

»Ja, diejenigen, die im Herrn frei sind, sind wirklich frei!«, erwiderte ich.

Warum erfuhr sie schließlich eine solche Befreiung? Weil ihr Geheimnis heraus war! Sie musste die Schuld und Verletzung nicht länger verbergen, die sie all die Jahre mit sich herumtrug. Personen, die alles über sie wussten, liebten und akzeptierten sie auch weiterhin.

Wenn es stimmt, dass wir nur so krank sind wie unsere finstersten Geheimnisse, ist es an der Zeit, uns diesen Geheimnissen, die einen dunklen Schatten auf unser Leben werfen, zu stellen. Menschen, die bereit sind, ihre Vergangenheit einzugestehen, sei gesagt, dass Heilung und Hoffnung möglich sind.

David sagte: »Erforsche mich, Gott, und erkenne mein Herz; prüfe mich und erkenne meine Gedanken! Und sieh, ob ein Weg der Mühsal bei mir ist, und leite mich auf ewigem Weg!« (Ps 139,23-24). Als Erstes sollten wir den Herrn bitten, uns die verborgenen Geheimnisse unserer Vergangenheit ins Gedächtnis zu rufen. Es ist weitaus besser, den Feind zu konfrontieren, als davonzulaufen. Besser, zu wissen, was uns plagt, als so zu tun, als gäbe es unsere Vergangenheit nicht.

Ich glaube jedoch nicht, dass wir unsere vergangenen Verletzungen noch einmal im Detail durchleben müssen. Ich habe Menschen kennengelernt, die in jahrelangen Therapiesitzungen schreckliche Einzelheiten aufdeckten, die bis in die frühe Kindheit zurückreichten. Doch viele dieser Personen waren unfähig, mit der ganzen Bandbreite von Gefühlen umzugehen, die dadurch an die Oberfläche traten. Wir müssen anerkennen, dass die Vergangenheit geschehen ist, gleichzeitig sollten wir aber auch wissen, was zu tun ist, wenn die Verletzung wieder aufbricht.

Sprechen Sie zuerst mit Ihrem himmlischen Vater. Er kennt Ihre Vergangenheit gut. Er kann die Details ergänzen, die Sie möglicherweise übersehen. Auch wenn Ihnen die Worte fehlen: Der Heilige Geist wird Ihnen die Hilfe zukommen lassen, die Sie benötigen.

Gehen Sie anschließend zu einem Freund, der Ihnen helfen kann. In diesem Buch begegnen uns mehrere Menschen, die ihre Vergangenheit verborgen hielten und emotional darunter litten. Zunächst müssen wir mit Gott reden, doch wir brauchen auch die Annahme und Liebe anderer Menschen.

Obwohl es lange dauerte, bis ich die Tür zu meiner Vergangenheit schloss, so geschah es doch an dem Tag, als ich das

Waisenhaus in Oakland besuchte, für immer und ewig. Ich bin dankbar, dass mich das, was dort passierte, nicht länger gefangen hält. Und meine neue Freundin ist ebenso auf dem Weg der Befreiung.

Liebe Dorie,

ich bin 28 Jahre alt. ... Meine Mutter versuchte mich als Baby zu töten. ... Meine Wunden sind sehr tief. Ich war drogenabhängig und lebte wie eine Tote. Obgleich ich Jesus begegnete und ihn liebte, war ich noch immer tief verletzt und fertig. Ich erlebte keine sofortige Heilung, vielmehr heilte Gott mich ganz allmählich. Einer der größten Heilungsschritte ereignete sich, als ich dich reden hörte. Deshalb sage ich: Ich liebe dich. Du hast mir Hoffnung gegeben. ... Gott gebraucht dich, um einen hellen Hoffnungsstrahl in ein verängstigtes, trauriges und kummervolles Herz scheinen zu lassen.

In Liebe
S.

Die Kraft der Hoffnung

Als junge Frau fragte ich mich häufig, welche Auswirkung der Missbrauch auf den Rest meines Lebens haben würde. Würden andere mein Geheimnis herausfinden? Wäre ich in der Lage, Sexualität zu genießen, falls ich jemals heiraten sollte?

In jener Zeit wurde über sexuellen Missbrauch nicht so offen geredet wie heute. Auch als ich zwanzig wurde und auf eine Bibelschule ging, hatte ich noch mit vielen quälenden Gedanken zu kämpfen. Nicht einmal meine engsten Freunde wussten, was ich erlebt hatte. Ich sprach selten über die körperliche Misshandlung und noch weniger über den sexuellen Missbrauch. Die Erinnerung daran war zu schmerzhaft. Und außerdem dachte ich, dass mir niemand glauben würde.

Was mich durch diese schweren Jahre des Selbstzweifels trug, war die Zuversicht, dass Gott in allem bei mir war. Ich hatte etwas, das vielen anderen fehlte – *Hoffnung*.

Missbrauchte Kinder sind oftmals davon überzeugt, dass sie für den Rest ihres Lebens gezeichnet sind. Sie bringen sich selbst in Situationen, in denen sie die Opferrolle einnehmen müssen, weil sie meinen, dies verdient zu haben. Sie sind in einem Teufelskreis gefangen und glauben, es gäbe keine Hoffnung zu entkommen.

Das Opfersyndrom

Eine Frau, die von einem alkoholabhängigen Vater missbraucht wurde, heiratet oft einen Mann, der wie ihr Vater ist. Unbewusst – vielleicht auch bewusst – sagt sie sich: »Ich habe den Missbrauch als Kind verdient, und als Erwachsene verdiene ich nichts anderes.« Es besteht so etwas wie eine *Bindung* an den Missbrauch, die sie veranlasst, eine aktive Opferrolle zu übernehmen. Sie beabsichtigt nicht, ihrer Situation zu entkommen, und hat keine Hoffnung auf ein besseres Leben.

In Extremfällen sucht ein passives Opfer sogar nach jemandem, der sie missbraucht. Es ist so sehr überzeugt, eine schlechte Behandlung verdient zu haben, dass es echte Liebe zurückweist, wenn sie ihr entgegengebracht wird. Im Normalfall macht ein Opfer das Leben für die Person, die sie lieben will, so schwierig, dass weitere Ablehnung unvermeidbar wird.

Andere spielen eine aggressive Rolle und fügen anderen Personen Schmerzen zu. Sie suchen nach Menschen, denen sie schaden können, und reden sich ein, dass ihre Opfer es verdienen. Manchmal versuchen Vergewaltiger den Frauen die Schuld für ihre Straftat zu geben; sie behaupten, es wäre ihr Fehler gewesen, weil sie allein unterwegs waren.

Die Täter können den Gedanken nicht ertragen, dass sie dafür verantwortlich sind, ein Kind sexuell missbraucht zu haben. Entweder leugnen sie ihre Tat oder sie suchen nach einem Grund, weshalb in Wirklichkeit das Kind verantwortlich ist. In beiden Fällen suchen sie einen Weg, um ihre Tat zu rechtfertigen.

Opfer, bei denen eine Bindung an sexuellen Missbrauch oder körperliche Misshandlung besteht, fügen ihren eigenen Kindern dieselbe Strafe zu. Auf diese Weise führen sie den Missbrauch oft fort.

Eines meiner Anliegen ist, Menschen zu helfen, aus dem auszubrechen, was Andre Bustanoby »das Missbrauchte-Frauen-Syndrom« nennt. Dieser Begriff bezieht sich auf jene Frauen, die die Rolle einer missbrauchten Frau akzeptieren und entsprechend dem handeln, was sie für die logischen Folgen ihres Traumas halten. Manche Frauen werden Prostituierte, da sie überzeugt sind, bereits moralisch befleckt zu sein, und daher keinen Grund für ein keusches Leben sehen. Sie meinen, ihr Zustand könne nicht verbessert werden, und sie seien verurteilt, das Leben einer solchen Frau zu führen. Wenn sie sich nicht prostituieren, leben sie dieselbe Haltung auf andere destruktive

Weise aus. Leider vermeiden solche Opfer oft jeglichen Versuch, den langen, beschwerlichen Weg der Heilung zu beschreiten. Auf die eine oder andere Weise haben sie sich damit abgefunden, Opfer zu sein – statt Überwinder.

Der Weg der Hoffnung

Meiner Erfahrung nach reicht es nicht aus, verletzten Menschen nur zu sagen, dass es Hoffnung gibt. Normalerweise sind sie mit einem solchen Zynismus erfüllt, dass Worte allein hohl klingen. Häufig haben sie sich bereits eine der üblichen Umgangsmethoden angeeignet: Leugnung oder Dissoziation.

Mit Leugnung ist der psychologische Mechanismus gemeint, der es einigen Opfern ermöglicht zu leugnen, dass sie missbraucht wurden. Die Realität ist zu schmerzhaft – die Tatsache, dass sie von einer Vertrauensperson enttäuscht wurden, ist für sie zu schwer zu ertragen. Deshalb sagt sich das Kind, dass alles nur ein Traum sei und es nicht wirklich geschehen ist. Leugnung kann noch Jahre danach anhalten.

Dissoziation spaltet die Erinnerung vom Bewusstsein ab. Ein Opfer erinnert sich möglicherweise nicht an das Geschehene, weil der Schmerz tief im Unterbewusstsein sitzt. Die Erinnerungen sind vergraben. Bei Missbrauchsopfern kann es zu einem vollständigen Gedächtnisverlust kommen.

Diese Schutzmechanismen können am besten überwunden werden, wenn das Opfer die Missbrauchsgeschichte eines anderen hört. Das bringt häufig die tief vergrabenen Erinnerungen an die Oberfläche, und der Mensch, der mit Leugnung oder Dissoziation gelebt hat, wird gezwungen, sich mit der Realität auseinanderzusetzen. Aus diesem Grund erzähle ich meine Geschichte. Manche Leute haben mir gesagt, sie wären nicht imstande gewesen, mein vorheriges Buch zu lesen, weil es schmerzhafte Erinnerungen bei ihnen weckte. Andere haben Veranstaltungen verlassen, auf denen ich meine Lebensgeschichte erzählte. Die Konfrontation mit der Vergangenheit ist schwer, aber für den Heilungsprozess unerlässlich. Die Erfahrungen eines Opfers zu hören, das diese überwunden hat, gibt denen Hoffnung, die noch schwer zu kämpfen haben. Wenn sie vom Missbrauch und von der Heilung anderer erfahren – wenn sie sehen, dass jemand mit einer ähnlichen Vorgeschichte emotional und geistlich heil geworden ist –, ist das für viele der erste Hoffnungsschimmer. Die Tür ihres Gefängnisses öffnet sich einen Spalt.

Wir müssen Opfern auch sagen, dass ihre Schuldgefühle *falsch* sind. Das Mädchen, das sich schuldig fühlt für das, was ihr Vater ihr angetan hat, ist unschuldig. Genauso wie der Junge, der sich für den Missbrauch durch seinen Nachbarn schämt – er hat nicht verdient, was passiert ist.

Studien haben gezeigt, dass solche, die in der Beziehung Aggressoren oder willige Opfer sind, es schwerer haben, ihre Vergangenheit hinter sich zu lassen. Sie erkennen ihre Schuldgefühle möglicherweise nicht als falsch an, da sie in einem gewissen Maß Mittäter in der sexuellen Beziehung waren. Es ist ja tatsächlich so, dass der Täter manchmal sexuelle Gefühle bei seinem Opfer weckt. Das ist verständlich, da wir alle Menschen mit Sexualität sind. Dennoch ist das Opfer nicht verantwortlich oder schuldig für die Tat.

Ich habe viele Menschen beraten, die meinen, sie seien zu sündig für Gottes Vergebung. Sie fühlen sich verdammt und verdorben von der Last ihrer eigenen Sündhaftigkeit. Ihnen müssen wir die Gnade Gottes in Christus vorstellen. *Keine Sünde, die Sie oder irgendjemand anders getan hat, ist für Gott zu groß, um sie zu vergeben.* Christus kam zu Sündern – nicht zu Menschen, die sich für gerecht halten. Sagen wir, dass irgendjemand zu sündig sei, setzen wir den Wert des Kreuzestodes Christi herab – eines Todes, den Gott als Bezahlung für alle Sünden akzeptierte. Für jeden gibt es Hoffnung.

Wir müssen eine offene und verständnisvolle Atmosphäre

des Angenommenseins schaffen. Diejenigen unter uns, die Missbrauch erfahren haben, können den Weg weisen, indem wir selbst verwundbar werden und ehrlich mit unseren Gefühlen über unsere Vergangenheit und unsere nach wie vor bestehenden Kämpfe umgehen. Und wir müssen bereitwillig zuhören, wenn alte Verletzungen und Gefühle der Wut hervorbrechen. Wir müssen bestätigen, dass jeder sein Selbstbild als vom Missbrauch gezeichneter Mensch aufgeben kann. Dies kann aber nur geschehen, wenn Menschen zum Reden bereit sind und sich ehrlich mit ihrer Vergangenheit auseinandersetzen.

Einem geschlagenen Sklaven fällt es schwer, hinauf in den Himmel zu schauen. Er ist an die Erde gefesselt und beschäftigt sich vorwiegend mit seinen niedrigen Pflichten und seinem Elend. Seine Augen sind nach unten gerichtet, nicht nach oben. Ob er nun hinschaut oder nicht: Der Himmel ist da – ebenso, wie Gott mit uns ist, ganz gleich, ob wir ihn anerkennen oder nicht. Wir müssen Missbrauchsopfern helfen, zumindest für ein paar Augenblicke von sich selbst wegzublicken. Sie müssen lernen, sich anders zu sehen; sie müssen ihr momentanes Selbstbild durch das des Neuen Testaments ersetzen.

Jeder, der Christus als seinem Heiland vertraut, empfängt Gottes Gnade, »womit er uns begnadigt hat in dem Geliebten« (Eph 1,6). Gläubige sind erhoben worden zu »Erben Gottes und Miterben Christi« (Röm 8,17). Ich kann Ihnen nicht sagen, wie oft mir diese und andere Verse im Hinblick auf meine eigene qualvolle Vergangenheit in den Sinn gekommen sind. Als ich jünger war, waren sie alles, was ich hatte, um weiterzuleben; durch sie glaubte ich, dass Gott mich annimmt, auch wenn meine Eltern es nicht taten.

Es ist nicht einfach, alles zu akzeptieren, was wir in Christus sind. Diejenigen von uns mit einer furchtbaren Lebensgeschichte schrecken vor der Vorstellung zurück, dass wir in Christus als vollkommen bezeichnet werden. Wir haben mit der Tatsache zu kämpfen, dass der Allmächtige auf seine Kinder besonders achtet. Wir kommen sogar zu der Überzeugung, dass diese erhabenen Privilegien nicht wirklich uns gehören können.

Aber sie sind es! Wir müssen lernen, Gottes Verheißungen an uns zu glauben und nicht unseren negativen und getrübten Gefühlen. Dann kann ein Veränderungsprozess einsetzen. Wenn wir verstehen, wie großzügig Gott zu uns ist, werden wir mehr Zeit mit dem Lobpreis Gottes verbringen. Nur der Heilige Geist und das Wort Gottes lassen uns die privilegierte Beziehung zu Jesus Christus erkennen.

Die mit achtzig Jahren verstorbene Ethel Waters wurde für ihren Gesang auf verschiedenen Evangelisationen von Billy Graham bekannt. Sie war das Kind einer Vergewaltigung – ein 14-jähriges Mädchen wurde vergewaltigt und Ethel gezeugt. Über ihre Herkunft sagte sie: »Ein aufwachsendes Kind braucht einen Schoß, in den es sich kuscheln kann. Das hatte ich nie. Nie. Es ist … ein tragischer Schmerz, sich so sehr zu wünschen, gewollt zu werden.«

Doch nachdem sie Christ wurde, sagte sie: »Ich preise den Herrn so häufig, dass ich gar keine anderen Hobbys habe!« Einer ihrer Lieblingssongs war: »Sein Auge ruht auf dem Sperling.« Sein Auge ruht wirklich auf jedem Sperling.

Im nächsten Abschnitt finden Sie die Geschichten von zwei jungen Frauen, die in dem schrecklichen Teufelskreis der Opferrolle gefangen waren. Aber sie wurden durch die Macht Christi errettet. Es gibt Hoffnung. Unsere Identität *kann* verändert werden. Wir *können* uns für geliebte und schöne Menschen halten. Stück für Stück verliert die Vergangenheit ihre Macht über uns, wenn wir von uns weg auf Christus schauen.

Zwei Beispiele

Die erste Frau schrieb mir einen Brief über ihre qualvolle Vergangenheit: »Aufgrund eines ungewollten Kindes (ich) war mein Vater gezwungen, meine Mutter zu heiraten. Ich wuchs mit Hass auf. Von den männlichen Freunden meiner Mutter wurde ich sexuell missbraucht. Mein Vater sagte mir, wie hässlich ich sei; und er schlug mich.«

Ein paar Absätze weiter schreibt sie dann: »Ich begegnete einem Jungen, der jetzt mein Ehemann ist, und wurde schwanger. Seit dem ersten Tag unserer Ehe hatten wir Probleme. Er schlug mich. Ich war rebellisch und fühlte mich von ihm nicht geliebt.«

Dann folgt ein kurzer, aber wichtiger Satz: »Nach vier quälenden Jahren errettete Gott uns.« Sie sagt weiter, dass sie mithilfe ihres Pastors und eines christlichen Psychologen nun eine stabile Ehe führt. Auch ihre Mutter und ihr Vater sind gläubig geworden. »Der Hass ist verschwunden«, schreibt sie. »Auch ich genieße jetzt Freude, Frieden und Glück der unendlichen Liebe Gottes.« Nicht schlecht für ein uneheliches Kind, das sexuell und körperlich missbraucht wurde!

Das zweite Beispiel stammt von einer Frau, die schreibt: »Ich wurde sexuell missbraucht von meinen drei Brüdern und mehreren anderen Personen aus der Familie. Ich suchte Liebe ... in Drogen, Sex und Alkohol. Als ich 1976 unehelich schwanger wurde, schrie ich zu Gott, und er erhörte mich.« Zum Glück ist dies nicht das Ende der Geschichte. »Jetzt bin ich verheiratet und habe drei Kinder. ... Mein Mann und ich leben schon sieben Jahre für den Herrn. [Ich] bezeuge, wie Gott mich von den Folgen sexuellen Missbrauchs und der Drogen befreite. Ich preise den Herrn, dass er diese Dinge weggenommen und etwas Gutes aus ihnen gemacht hat.«

Natürlich war die Lebensveränderung dieser Frau nicht leicht, und sie brauchte Zeit. Aber es geschah – weil wir einen großen Gott haben.

Viele von uns können sagen, dass wir einmal Opfer waren und diese Opferrolle überwunden haben. Stuart Hamblin sang das Lied: »Es ist kein Geheimnis [was Gott tun kann].« Was Gott für mich getan hat, kann er für jeden tun. Es gibt ein Leben nach dem Missbrauch. »Daher, wenn jemand in Christus ist, da ist eine neue Schöpfung; das Alte ist vergangen, siehe, Neues ist geworden« (2Kor 5,17).

Der erste Schritt zur Heilung ist die Hoffnung.

Jesus,
es heißt,
hässliche Menschen schlugen dich
und bespuckten
und beschimpften dich.
Sie hatten ihren Spaß mit dir
und lachten und spotteten
und nahmen deine Kleidung weg.

Es heißt,
du schriest – richtig laut –
und fragtest dich, warum
dein Vater dich alleinließ,
als du so verletzt wurdest,
dass du starbst.

Hat dich je ein Mensch
ein missbrauchtes Kind genannt?
Das ist, was sie über mich sagen.

Ich glaube, du verstehst das.

Nancy Spiegelberg

Liebe Dorie,

Dorie, ich wünschte, du wärst hier an meiner Seite, sodass ich dir mein Herz ausschütten könnte. Andere verstehen meinen Schmerz nicht, weil sie ihn nie erlebt haben.

In Liebe
S.

Liebe Dorie,

Dorie, bitte denk nicht, dass nur Mädchen missbraucht werden. Es gibt eine Menge Jungen, die auch Dories sind – und ich bin einer von ihnen.

In Liebe
T.

Die Kraft eines offenen Ohrs

Eines Abends in Portland kehrte ich nach einem langen Tag müde in mein Hotelzimmer zurück. Als ich den Raum betrat, bemerkte ich eine anonyme Mitteilung, die unter der Tür hindurchgeschoben wurde. »Ich würde Sie am liebsten ganz für mich haben – um Sie anzufassen und niemanden sonst in Ihre Nähe zu lassen … Sie kennen mich; Sie haben mir aus der Seele gesprochen. Viele Ihrer einsamen Momente waren auch die *meinen*«, lautete der Anfang.

»Die Menschen können unmöglich verstehen. Sie sind immer schon geliebt, angenommen und verstanden worden. Sie haben immer jemanden gehabt, zu dem sie gehörten, aber Sie und ich, wir nie.

Nachdem wir aber ihn kennengelernt hatten, wussten wir, dass er uns liebt und niemand ihn uns wegnehmen kann! Die Menschen können unseren Seelen *nie, nie* wieder etwas anhaben. Er hat uns für alle Ewigkeit. … Wir tanzen zu einem anderen Lied, zu seinem Lied!

Aber manchmal kennen wir das Stöhnen und Seufzen unserer Seele – die Zeiten, in denen Stimmen und Worte nicht existieren. Aber er ist unsere Stimme zu Gott, unser Dolmetscher … unsere schmerzlindernde Salbe, unser Balsam. Gott sei Dank für Sie!«

Was diese Frau sagt, ist alles wahr: Es gibt Menschen, die die Verletzungen anderer besser verstehen können, weil sie selbst verletzt worden sind. Die anderen werden es vielleicht nie verstehen.

Nach Hunderten von Konferenzen in den ganzen Vereinigten Staaten und im Ausland bin ich überzeugt, dass diese verwundete Welt ein offenes Ohr braucht. »Dorie, … ich wünschte, du wärst hier an meiner Seite, sodass ich dir mein Herz ausschütten könnte« – diese Zeilen bringen die Gefühle von vielen anderen Menschen zum Ausdruck. Sie suchen nach jemandem, der ihnen glaubt, nach jemandem, der sagen kann: »Auch ich habe das durchgemacht. Ich weiß, wie du fühlst.«

Die Kunst des Zuhörens ist in unserer Gesellschaft nicht leicht zu erlernen. Wir haben es oft so eilig, dass wir keine Zeit finden, den Problemen anderer Menschen zuzuhören. Ungeduld ist der Feind eines zuhörenden Herzens.

Ein zweites Hindernis, das es zu überwinden gilt, ist das Gefühl, dass wir *die* Antwort auf das Problem eines Menschen haben und er lediglich die biblische Wahrheit verstehen muss. Wir neigen zu der Annahme, alle Antworten zu kennen. Natürlich ist Wahrheit wichtig, aber aus persönlicher Erfahrung weiß ich, dass ich manchmal nur jemanden brauche, der mit mir mitfühlt und meinen Schmerz teilt. *Reden* ist nicht genug; ein Freund muss auch *mitfühlen*. Ein guter Zuhörer kann die Last eines anderen tragen helfen, ohne mehr als ein einziges Wort zu sagen. Wenn Sie mit einem solchen Freund zusammen waren, fühlt sich Ihre Last anschließend leichter an. So ein Freund kann Ihr Leid wirklich mitempfinden.

Ich möchte mit Ihnen den Inhalt einiger Briefe teilen, die von Verletzung und Heilung handeln. Konzentrieren Sie sich nicht auf den Schmerz (obschon es wichtig ist, die Verletzungen anderer zu verstehen), sondern vielmehr auf die Prinzipien, die eine emotional verletzte Person heilen können. Achten Sie darauf, dass der Heilungsprozess immer dann einsetzte, als die Person einen Freund fand, mit dem sie reden konnte – jemanden, der zuhörte und sich um sie sorgte.

Bei dem ersten Brief sollten Sie hinter den Worten die Verletzung der Frau wahrnehmen, die sie die meiste Zeit ihres Lebens spürte. Denken Sie daran: Die Hoffnung, die Christus gibt, kann Sonne in ein dunkles Leben bringen.

Mein Vater ließ mich im Stich, und meine Mutter heiratete später einen noch schlimmeren Alkoholiker, als mein Vater es war. Ich habe gehört, wie meine Mutter so häufig geschlagen wurde, dass ich ihre Schreie nicht loswerden kann, selbst heute nicht. Ich wurde belästigt und hatte niemanden, der freundlich zu mir war.

Ich hasste mich, meinen Namen und die Luft, die ich einatmete. Mit 5 Jahren wollte ich schon nicht mehr leben.

Mit 17 nahm ich Christus an; damals war ich schon verheiratet und Mutter eines Kindes. Warum nahm ich ihn an? Weil er sagte, er würde mich frei machen! »Ich bin gekommen, damit sie Leben haben und es in Überfluss haben.«

Die Freude kam nie. Jetzt bin ich 45, und mir fällt es schwer, irgendjemandem zu vertrauen, sogar Gott. Ich möchte niemanden verletzen. Mein Mann hat sich das Leben genommen; das schmerzte sehr, ich möchte nicht, dass meine Kinder das noch einmal durchmachen.

Aber ... Gott ist alles, was ich habe, und wenn ich ihm vertraue, weiß ich: Ich muss es seinen Händen überlassen. Ich treffe mich mit einem Seelsorger, einem wunderbaren Mann im Herrn. Dorie, er hört mir wirklich zu; es ist so gut, jemanden zu haben, der um mich besorgt ist. Ich habe immer die Schuld für alles, was in meinem Leben geschah, auf mich genommen. Jetzt stelle ich fest, dass ich gar nicht verantwortlich war – meine Eltern und andere Menschen waren es. Ich muss ihnen vergeben, aber die Schmerzen und Verletzungen sind noch immer frisch.

Dorie, ich schreie zu Gott, dass er mir hilft, den Frieden zu finden, den ich suche, seitdem ich ihn kenne. Ich denke, der Schlüssel dazu ist Vergebung, aber das braucht Zeit.

So lange habe ich mich vor der Wahrheit verschlossen. Ich muss mich an den Gedanken gewöhnen, dass es nicht mein Fehler war. Aber wie schaffe ich es, dass die Erinnerungen nicht mehr so schmerzen?

In Liebe
L.

Ob sie es nun erkannt hat oder nicht: Diese Frau ist auf dem Weg zur Heilung. Sie hat einige wichtige Durchbrüche hinter sich.

Trotz ihrer früheren Enttäuschungen mit Christus könnte sie herausfinden, dass er so gut ist, wie sein Wort es sagt.

Fortschritte festhalten

Wir wollen noch einmal auf ihren Brief zurückkommen. Er gibt Anlass zu der Hoffnung, dass die Vergangenheit dieser Frau nicht länger ihre Zukunft beherrscht.

Sie hat erkannt: Sie ist nicht verantwortlich für das, was mit ihr geschehen ist. Nahezu jedes missbrauchte Kind nimmt an, dass es selbst Schuld an dem Missbrauch hat. Der Grund für dieses unangebrachte Schuldgefühl ist leicht zu verstehen. Es ist schwer einzugestehen, dass die eigenen Eltern Verbrecher sind. Gott hat in jedes Kind einen tiefen Respekt vor seiner Mutter und seinem Vater hineingelegt. Diese Bindung ist so stark, dass Eltern beinahe nichts tun können, um sie zu erschüttern. Der Gedanke, dass Vater und Mutter, die einem das Leben geschenkt haben, ihr Kind verlassen und missbrauchen könnten, ist schwer zu akzeptieren. Wenn ein kleines Kind missbraucht wird, kommt es somit zu dem Schluss, dass seine Eltern das Richtige tun und das Kind nur das bekommt, was es verdient. Es denkt: *Meine Eltern behandeln mich so, wie sie es tun sollten. Alle Eltern würden dasselbe mit einem Kind tun, das so schrecklich ist wie ich.* Auf diese Weise übernimmt das Kind selbst die Verantwortung und die damit verbundene Schuld. Die Belastung wird unerträglich.

Das Resultat? Das Kind fühlt sich so schmutzig und beschämt, dass es sterben möchte. Deshalb sinkt in unserer Gesellschaft auch das Durchschnittsalter von Selbstmordopfern. Kinder töten sich selbst.

Kein Kind sollte *jemals* die Verantwortung für die Sünden seiner Eltern tragen. Ein Freund pflegte zu sagen: »Gott macht uns nie dafür verantwortlich, dass wir unsere Eltern schlecht erzogen haben!«

Die Frau, die mir diesen Brief schrieb, hat verstanden, dass sie ihren Eltern vergeben muss. So schwer das auch ist, ist es für ihre emotionale Heilung doch unerlässlich.

Der Prozess der Vergebung kann beschleunigt werden, wenn sie begreift, dass ihre Wut auf ihre Eltern mit Mitleid vermischt sein muss. Viele Eltern sind durch emotionale Defizite begrenzt, die sie zum Missbrauch ihres Kindes treiben. Wie ich im vorangegangenen Kapitel beschrieben habe, legen Missbrauchsopfer später oft dasselbe Verhalten an den Tag.

Einem Kinderschänder ist es fast unmöglich einzugestehen, dass er Hilfe braucht. Wenn Gott nicht eingreift, besteht für eine Umkehrung seiner grausamen Verhaltensmuster nur wenig Hoffnung. Stellen Sie sich vor, wie es wohl sein muss, perverse Triebe zu haben und von ihnen so besessen zu sein, dass sie außerhalb Ihrer Kontrolle liegen. Wenn man diese Begierden einmal auslebt, ist es leichter, ihnen auch ein zweites Mal nachzugeben – und ein drittes und viertes Mal. Mit der Zeit verhärtet sich das Herz immer mehr, es wird gefühllos und gleichgültig. Jegliche menschliche Güte ist verschwunden. Eine solche Verderbtheit muss man bemitleiden.

Die Suche dieser Frau nach Frieden enthält noch einen dritten Hoffnungsschimmer. Die Frau hat ein offenes Ohr gefunden, jemanden, der bereit ist, ihre Verletzungen zu verstehen und mitzutragen, und sich um sie sorgt. Offensichtlich hatte ihr Seelsorger keine Missbrauchserfahrungen, sondern nahm sich Zeit, um sie zu verstehen und mit ihr mitzufühlen, und half ihr, ihre Last zu tragen.

Stellen Sie sich vor, wie es sein muss, wenn Sie in Ihrem eigenen emotionalen Gefängnis festsitzen und niemanden haben, mit dem Sie reden können, niemanden, der sich Zeit für Sie nimmt und versucht, Sie zu verstehen. Mehr als alles andere wünschen Sie sich einen Freund, der Ihnen zur Seite steht und mit Ihnen weint. Müssten Sie einen 100 Kilogramm schweren Sack Kartoffeln tragen, fänden Sie es wunderbar, wenn Ihnen jemand einen Teil der Last abnehmen würde. Zwei Personen könnten diesen Sack leichter tragen als eine. Vielleicht sagen Sie: »Aber ich bin derjenige, der die Ungerechtigkeit ertragen musste.« Das stimmt: Einen Teil der Last kann nur derjenige tragen, der missbraucht wurde. Aus eigener Erfahrung weiß ich aber, dass jede Last leichter wird, wenn wir sie mit jemandem teilen, der um uns besorgt ist. Christus sagt, dass sein Joch – seine Last – leicht ist. Wenn wir merken, dass wir nicht allein kämpfen, und andere finden, die ähnliche Missbrauchserfahrungen haben, können wir Mut fassen. Das Wissen, zu einer großen Familie von verwundeten Menschen zu gehören, gibt uns Hoffnung.

Aber warum hat diese Frau nicht den Frieden erfahren, den Christus gibt? Warum heilt Gott manche Menschen schneller als andere? Seine Gnade reicht für jeden aus. Vielleicht fehlte ihr aber die Bereitschaft zur Vergebung und die völlige Auslieferung ihres Lebens an Gott.

Lesen Sie den folgenden Brief, und Sie werden verstehen, was ich meine. Obwohl diese Frau ganz ähnliche Missbrauchserfahrungen machte wie die erste, ist sie auf dem Weg der Heilung schon einen Schritt weiter.

Ich erlebte denselben Missbrauch als Kind wie Sie. Nur dass meine Mutter vier Mal versuchte mich zu töten. Zweimal wollte sie mich ertränken, und die anderen beiden Male fanden in einem Auto statt. Mein Vater versuchte mich zu belästigen. Mit 15 wurde ich meinen Eltern weggenommen.
Mit 16 habe ich Christus als meinen Erlöser kennengelernt.
Als Nächstes heiratete ich. Ich stellte fest, dass mein Mann homosexuell war, und nach einiger Zeit wurde meine Ehe geschieden. Später heiratete ich noch einmal und musste ins Krankenhaus eingeliefert werden, weil mein Mann mich schlug. Die körperliche Misshandlung war so schlimm, dass ich mit einem Nervenzusammenbruch in einem Pflegeheim landete.
Von da an trank ich, rauchte und nahm Drogen … sieben oder acht

Mal versuchte ich mir das Leben zu nehmen. ... Ich habe so viele Psychiater kennengelernt ... und die Ärzte sagten mir, dass ich nicht allzu lange leben würde, weil mein Körper stark abbaute und meine Nerven sehr schlecht waren. Ich freute mich auf den Tod.

Ich habe Ihr Buch gelesen und geweint, weil es meinen ganzen Schmerz an die Oberfläche spülte. ... Ich musste ständig daran denken, warum ich nicht den Frieden hatte, den Sie haben ... aber leider hatte ich ihn nicht.

Schließlich rief ich eine Freundin aus meiner Gemeinde an. Sie besuchte mich. Ich übergab mein Leben vollständig dem Herrn. In dieser Nacht verschwand mein ganzer – und ich meine, ganzer – Schmerz ... und meine ganze Verwirrung. Ich [hatte] mich noch nie so gut gefühlt.

Seitdem habe ich all meine Probleme unter dem Kreuz abgelegt. Ich habe Frieden mit Gott und völlige Heilsgewissheit. In meinen kühnsten Träumen hätte ich mir nicht gedacht, dass ich so glücklich sein könnte.

Hätte ich Ihr Buch nicht gelesen, wäre ich nie zu meinem wunderbaren Herrn zurückgekehrt. Ich preise den Herrn, dass er mir Ihr Buch in die Hand gegeben hat.

In Liebe
J.

Das beweist, dass es ein Leben nach dem Missbrauch gibt.

Den Beginn der Heilung erkennen

Vielleicht haben Sie niemanden, mit dem Sie reden können. Oder Sie haben einen Freund, der Ihnen zuhört, aber nicht versteht, wie tief verletzt Sie sind. Ich möchte Sie ermutigen, einen Anfang mit Gott zu machen. Christus ist der wunderbare Ratgeber, dem Sie alle vertraulichen Dinge erzählen können. Er kann sagen: »Ja, ich kenne deine Situation. Ich verstehe sie voll und ganz.« In Hunderten von Stellen sagt die Bibel, dass der Herr die Gebete seines Volkes *hört*. Er hört zu!

David schrieb: »Beharrlich habe ich auf den Herrn geharrt, und er hat sich zu mir geneigt und mein Schreien gehört« (Ps 40,2). Als er den Boden unter den Füßen zu verlieren drohte, hörte der Herr ihm zu. Über die Kinder Israel lesen wir, dass Gott »ihr Wehklagen hörte« (2Mo 2,24). Er verschloss seine Ohren nicht vor ihrem Schreien, als sie als Sklaven geschlagen wurden. Gott hat ein offenes Ohr!

Liebe Dorie,

im August dieses Jahres verbrachte ich vier Tage in einer psychiatrischen Klinik. Mein ganzes Leben lang wurde ich vernachlässigt, abgelehnt und missbraucht. Seit meinem 17. Lebensjahr habe ich Medikamente gegen meine Nervenschwäche genommen. Ich lebte mit Albträumen, Ängsten, Unruhezuständen, Hass, und ich konnte kein normales glückliches Leben genießen. Ich wurde gemein und hasste die Menschen, die mich ablehnten und missbrauchten. Zweimal wollte ich mich umbringen, aber der Herr hielt mich in seiner Hand. … Jetzt bin ich glücklich. Ihr Dienst an Frauen ließ mich beten: »Herr, du hast das für Dorie getan, bitte tue es jetzt für mich.« Und er tat es. Ich habe mich noch nie so frei gefühlt, und Menschen, die mich kennen, sagen mir, dass sie die Veränderung sehen – ich lächle viel und kann andere lieben. Ich fürchte mich nicht mehr, weil ich spüre, wie der Heilige Geist in mir wirkt. Jetzt versuche ich meinem Sohn zu helfen, mit den Verletzungen in seinem Leben fertig zu werden, denn ich war nicht die Mutter, die ich ihm hätte sein sollen. Wenn ich nur jedem meine Freiheit entgegenschreien könnte, würde ich es tun. Oft verspüre ich den Drang, loszulaufen und Menschen auf der Straße zu umarmen und ihnen zu erzählen, was Gott für mich getan hat und dass er dasselbe auch für sie tun kann.

In Liebe
S.

Die Kraft einer liebevollen Berührung

Als ich aufwuchs, durfte ich nie auf dem Schoß meiner Mutter sitzen. Wenn meine jüngere Schwester, die viel hübscher war als ich, zu ihr kam, nahm meine Mutter sie auf den Arm. Ich wurde beiseitegestoßen wie ein unerwünschter Hund. In diesen jungen Jahren erfuhr ich schon den Schmerz der Zurückweisung – den Schmerz, niemanden zu haben, der einen liebevoll berührte. Ich wuchs auf und verstand, welche Kraft eine Berührung hat. Ich sehnte mich nach der Liebe, die sich in einer zärtlichen Umarmung oder einer Berührung am Arm ausdrückt. Eine angemessene, liebevolle Berührung sagt: »Ich liebe dich, und du bist mir wichtig.«

Gary Smalley beschreibt den lang anhaltenden Einfluss einer einzigen liebevollen Berührung im Leben von Marilyn Monroe. Sie war ein uneheliches Kind und wurde in jungen Jahren von einer Pflegefamilie in die andere geschleppt. Nachdem sie als Sexgöttin bekannt wurde, fragte sie ein Reporter, ob sie in ihren Pflegefamilien jemals Liebe erfahren habe. »Einmal«, erwiderte sie, »als ich ungefähr sieben oder acht Jahre alt war. Die Frau, bei der ich lebte, schminkte sich, und ich sah ihr dabei zu. An diesem Tag war sie sehr glücklich, deshalb drehte sie sich zu mir und berührte meine Wangen mit ihrer Puderquaste. ... In diesem Augenblick fühlte ich mich von ihr geliebt.« Obwohl die Berührung nur wenige Sekunden dauerte, trieb die Erinnerung an sie ihr Tränen in die Augen. Gary Smalley sagt: »So gering dies auch war: Es war, als sei eimerweise Liebe und Sicherheit in das Leben dieses kleinen Mädchens, das nach Zuneigung hungerte, ausgegossen worden« (*The Blessing* [Nashville: Thomas Nelson, 1986], S. 43-44; Smalley zitierte Monroes Geschichte aus dem Buch von Helen Colton, *The Gift of Touch* [New York: Seaview/Putnam, 1983], S. 49).

Gott allein kennt die Zahl junger Frauen, die häufig ihren Sexualpartner wechseln, weil sie ausgehungert sind nach Zuneigung. Viele Mädchen haben gesagt, Unmoral sei der Preis gewesen, den sie bezahlen mussten, um in den Arm genommen zu werden; ein Mädchen meinte: »Nur um jemandem etwas zu bedeuten.«

Forscher haben sogar behauptet, sie könnten die zukünftige emotionale Gesundheit eines Kindes vorhersagen, wenn sie die Art des körperlichen Kontakts, das ein Kind empfängt, nur besser analysieren und verstehen könnten. Natürlich dürfen wir nie Gottes Gnade außer Acht lassen. Unser himmlischer Vater kann die Defizite unserer Kindheit ausgleichen. Dennoch kann die Kraft einer liebevollen Berührung nicht überbetont werden.

Außer dem emotionalen und geistigen Nutzen einer menschlichen Berührung gibt es noch den rein körperlichen. Eine Berührung kann das Hämoglobin im Körper vermehren. Das Gewebe empfängt mehr Sauerstoff, und der Blutdruck wird gesenkt. Eine Studie der UCLA (Universität von Kalifornien in Los Angeles) schätzt, dass ein verheiratetes Paar bis zu zwei Jahre länger leben könnte, wenn sich die Ehepartner täglich acht bis zehn Mal liebevoll berührten.

Da wir sexuelle Geschöpfe sind, werde ich oft nach den Gefahren einer körperlichen Berührung zwischen Männern und Frauen oder zwischen einem Vater und seiner Tochter gefragt. Ich bin mir durchaus bewusst, dass es so etwas wie eine sinnliche Berührung gibt, die negativ oder sogar gefährlich werden kann. Meine Antwort auf solche Befürchtungen ist, dass wir es dem Teufel nicht gestatten sollten, uns dieses Geschenk Gottes an sein Volk zu rauben, nur weil es missbraucht werden kann. Eine Umarmung als Ausdruck christlicher Liebe kann für ein schmerzendes Herz oft wie eine Therapie wirken.

Das Vorbild Christi

Eine Geschichte im Markus-Evangelium illustriert, dass Christus bereitwillig die Unberührbaren berührte. Wir können uns nur schwer den abstoßenden Anblick von Lepra vorstellen. Das Opfer erlebte Lethargie und Schmerzen. Hautverfärbungen überdeckten seinen ganzen Körper. Rosarote und braune Knötchen traten auf, vereiterten und sonderten ein übel riechendes Sekret ab. Die Stimme wurde heiser und der Atem keuchend. Der Kopf verdrehte sich und ließ den Erkrankten nahezu unmenschlich erscheinen. Schließlich entzündeten sich die Nervenfasern, was zu Gefühlsverlust führte, bis Finger und Zehen abfielen. Kurz gesagt: Der Aussätzige wurde zu einem scheußlichen Anblick. Wenn andere in seine Nähe kamen, musste er den alttestamentlichen Bestimmungen zufolge seine Kleidung zerreißen und ausrufen:»Unrein! Unrein!« Er hatte nicht einmal das Recht, mit anderen Menschen zu sprechen. Am Ende starb er einsam und verlassen.

Der Aussätzige in Markus 1 rief verzweifelt:»Wenn du willst, kannst du mich reinigen« (V. 40). Er bat nicht nur um Heilung, sondern auch um Aufnahme in die Gesellschaft. Er wollte jemandem etwas bedeuten.

Christus hatte Erbarmen mit ihm. Er tat das Unvorstellbare – der Sohn Gottes streckte sich nach ihm aus und berührte den Aussätzigen. Christus hätte den Mann auch ohne Berührung heilen können, aber der Erlöser wollte sich mit dieser armen, unglücklichen Seele identifizieren. Als er ihn berührte, sagte Christus:»Ich will; werde gereinigt!« (V. 41). Der Aussätzige vergaß diese gütigen Worte wahrscheinlich nie. Wenn Sie emotional ausgehungert sind, werden Sie liebevolle und Mut machende Worte von Freunden oder Verwandten ebenso wenig vergessen.

Die Unberührbaren von heute

Wer sind heute die Unberührbaren? Vielleicht erscheinen sie nicht unberührbar; es ist durchaus möglich, dass sie sogar sehr attraktiv aussehen. Aber viele Menschen *fühlen* sich unberührbar; innerlich hungern sie nach Annahme und Liebe.

Zur ersten Gruppe gehören jene von uns, die körperlich und sexuell missbraucht wurden. Ich möchte Sie daran erinnern, dass diese Menschen manchmal Zeit brauchen, bevor sie die liebevolle Berührung einer anderen Person akzeptieren können. Wenn Sie sich mit einem solchen Menschen angefreundet haben, sollten Sie nicht voraussetzen, dass er automatisch berührt werden möchte. Oft schrecken sie sogar zurück bei dem Gedanken an eine harmlose Umarmung oder eine leichte Berührung am Arm.

Erzwingen Sie nichts. Denken Sie daran, dass viele von uns negative Erfahrungen mit Berührungen gemacht haben. Wir wurden von den Menschen verraten, die uns beschützen sollten. Wir wurden geschlagen und waren ungewollt. Wenn Sie mit einem solchen Menschen eine dauerhafte Freundschaft pflegen, soll er ihnen sagen, wann er zu einer Umarmung bereit ist. Gehen Sie sensibel mit seinen Gefühlen um. Oft gibt es nur geringe Fortschritte – aber sie werden sich mit Sicherheit einstellen.

Der nächste Brief ist von einer Frau, die in ihrem emotionalen und geistigen Gefängnis eingesperrt ist. Doch eine liebevolle Berührung ließ einen Hoffnungsschimmer in ihr Leben strahlen:

Ich vegetiere nur vor mich hin. Ich schaffe nicht einmal mehr die Hausarbeit, zumindest rede ich mir das ein. Ich sitze den ganzen Tag da und lese, trinke und rauche. Ich lebe in einem Schweinestall und rieche auch danach. Die meiste Zeit scheint mir der Dreck nicht bewusst zu sein, erst wenn jemand an die Tür kommt oder unsere Decke einstürzt (was gerade geschehen ist). Mein Trinken scheint mich erst zu stören, wenn ich Schmerzen in der Brust bekomme. Mein Herz ist nicht in Ordnung.

Ich habe sogar versucht, drei Psalmen am Tag zu lesen, wie Sie vor-
geschlagen haben.
Am letzten Abend war ich auf der Veranstaltung, auf der Sie
sprachen. Vor all den Menschen konnte ich nicht mit Ihnen reden.
Ich konnte es einfach nicht. Die Frau meines ehemaligen Pastors
war dort, und sollte ich je vor ihr zusammenbrechen, würde ich
mich nie wieder in die Öffentlichkeit wagen.
Eine Cousine, die mich neulich besuchte, umarmte mich und sagte
mir, sie liebe mich. Es löste etwas in mir aus. Ich möchte ihr schrei-
ben, um ihr mitzuteilen, dass auch ich sie liebe, aber ich habe Angst.
Vielleicht will sie mich nicht wieder sehen. Es war mir schrecklich
peinlich, aber ich bin darüber hinweggekommen.

In Liebe
C.

Ja, eine liebevolle Umarmung kann in Missbrauchsopfern
innerlich etwas auslösen. Sie kann uns ein Stück Sicherheit
geben, sodass wir uns gewollt und angenommen fühlen. Ein
Mensch mit Missbrauchserfahrungen braucht eine liebevolle
Berührung.

Die zweite Gruppe besteht aus Geschiedenen, die ebenfalls
das Mitgefühl einer liebevollen Berührung brauchen. Wenn ich
mit ihnen spreche, stelle ich fest, dass sich ein Partner oftmals
abgelehnt und schmutzig fühlt. Ich habe entdeckt, dass dies
häufig unschuldige Opfer sind – eine Frau, die von ihrem Mann
wegen einer anderen Frau sitzen gelassen wurde, oder ein Mann,
dessen Frau meint, sie müsse sich aus der Ehe befreien, um »sich
selbst zu finden«. Die verlassenen Personen fühlen sich normalerweise stark abgelehnt. Scheidung ist ein schwerer Schlag
für einen Menschen. Eine Frau sagte mir, bei ihrem Gemeinde-
besuch am Sonntag nach der Scheidung fühlte sie sich, als habe
sie ein großes S auf ihrer Stirn geschrieben. Scheidung! Unrein!
Scheidungsopfern muss gesagt werden, dass sie geschätzte

Glieder des Leibes Christi sind. Eine einfache Berührung reicht oft schon aus, um ihnen dies zu vermitteln.

Die dritte Gruppe von Unberührbaren sind AIDS-Opfer. Zugegeben: Viele Opfer haben sich diese tödliche Krankheit durch Homosexualität oder durch verunreinigte Nadeln beim Drogenkonsum zugezogen. Doch selbst dann brauchen diese Aussätzigen des 21. Jahrhunderts Christi Liebe und Erbarmen.

Nach einem meiner Seminare blieb ein gut aussehender junger Mann zurück und wollte mit mir sprechen. Er hielt seinen Kopf in den Händen und sagte zu mir: »Dorie, meine Mutter setzte mich auf die Straße, als ich neun Jahre alt war; sie wollte mich nicht. Ich zog umher und versuchte mir meinen Lebensunterhalt zu verdienen und geriet in homosexuelle Kreise. Vor einem Jahr bin ich Christ geworden. Ich habe mein früheres Leben aufgegeben. Bei einer medizinischen Untersuchung wurde festgestellt, dass ich AIDS habe. Ich werde sterben. Ich habe solche Angst. Dorie, bitte sag mir ... bitte sag mir, dass Gott mir vergeben hat! Sag mir, dass Gott mir vergeben hat!«

Ich zeigte ihm Jesaja 44,22, wo uns versichert wird, dass unsere Sünden ausgelöscht wurden: »Ich habe deine Übertretungen getilgt wie einen Nebel, und wie eine Wolke deine Sünden. Kehre um zu mir, denn ich habe dich erlöst!« Dann nahm ich ihn in die Arme und hielt ihn, als wäre er mein eigener Sohn. Während seine Tränen auf meinen Pullover fielen, sagte er: »Dorie! Niemand berührt mich ... meine Freunde glauben, sie bekommen AIDS durch meine Tränen!«

Warum habe ich ihn gehalten? Weil Christus das getan hätte. Er ist nicht mehr körperlich auf der Erde, um Aussätzige anzufassen. Jetzt tun wir es an seiner Stelle. »Wie der Vater mich ausgesandt hat, sende auch ich euch.«

Die Berührung Gottes

In meiner Kindheit hielt man mich für ein »hässliches Entlein«
– für »nicht adoptierbar«. Viele Ehepaare kamen ins Waisenhaus und sahen sich die Kinder an, bevor sie sich für eines entschieden. Ich kann ihnen nicht die Schuld dafür geben, dass sie
mich nicht auswählten. Allerdings fragte ich mich, warum Gott
mich nicht so hübsch gemacht hatte wie Brenda oder Patty oder
Ruth.

Als ich Christus besser verstehen lernte, erkannte ich, dass
ich auch meine äußeren Merkmale als Gaben Gottes akzeptieren
musste. Schließlich kam ich an den Punkt, an dem ich Gott für
mein Aussehen danken konnte.

Ein Mann, dessen Eltern Alkoholiker waren, sagte, dass er
nie berührt, gehalten oder geliebt wurde. Sein Lieblingsvers in
der Bibel war Psalm 139,10: »Auch dort würde deine Hand mich
leiten und deine Rechte mich fassen.« Es machte ihm Mut zu
wissen, dass er zumindest von Gottes Hand berührt wurde.
Dieser Psalm lehrt auch, dass Gott jeden von uns im Mutter-
leib gebildet hat. Dieselbe göttliche Aufmerksamkeit, die Adam
und Eva zuteilwurde, wurde auch uns geschenkt. Gott hat uns
geformt. Er hat unsere Merkmale festgelegt und uns nach seinem Willen gemacht.

Wir alle wollen aber auch von einem Menschen berührt
werden. Es fällt uns schwer, uns mit der nicht wahrnehmbaren
Berührung Gottes »zufriedenzugeben«. Doch schon als Jugendliche stellte ich fest, dass Gottes Gegenwart uns Gnade schenken
kann, die tiefen Wunden des Lebens zu ertragen. Letzten Endes
zählt nur, ob wir von dem Allmächtigen berührt wurden oder
nicht. »Sogar mein Vater und meine Mutter haben mich verlassen, aber der HERR nimmt mich auf« (Ps 27,10; RELB).

Wie können wir Gottes Berührung empfangen? Als Erstes
müssen wir Christus als unseren Erretter annehmen, d. h., wir
müssen zu Gott durch seinen Sohn kommen. Diese Entscheidung
traf ich mit dreizehn Jahren im Waisenhaus in Oakland. Ich sagte

Gott, dass kein Mensch mich wollte, und wenn Gott mich wollte, könnte er mich haben! Das war das erste Mal, dass ich von Gott berührt wurde.

Danach erfahren wir Gottes Berührung jeden Tag, wenn wir uns unsere Annahme durch die Verheißungen Gottes bestätigen lassen und uns seinem Willen unterstellen. In Hebräer 13,5-6 steht: »Ich will dich nicht versäumen und dich nicht verlassen«, sodass wir vertrauensvoll sagen können: »Der Herr ist mein Helfer, und ich will mich nicht fürchten; was wird mir ein Mensch tun?«

Dankbarerweise können wir Gottes Gegenwart und seine liebevolle Berührung erfahren.

Gott gebraucht die menschliche Berührung

Einmal war ich im Süden der USA, wo ich einer Frau mit Missbrauchserfahrungen begegnete. Ich bemerkte aber nicht, dass sie sich ihrer Beziehung zu Gott unsicher war – unsicher, ob er sie je annehmen würde. Später erkannte ich, dass meine Umarmung ihr den Eindruck vermittelte, es sei möglich, sowohl auf Erden als auch im Himmel geliebt zu werden. Meine Umarmung stellte ihr die Berührung Gottes vor:

Ich wuchs in einer Hütte aus Teerpappe in einer Kleinstadt auf. Meine sogenannte Mutter war ein wahres »Prachtstück«! Sie schlug und belästigte mich sexuell – ich glaube, heute nennt man das »Inzest«. Sie benutzte den Riemen für das Rasiermesser meines Vaters oder einen Besenstiel. Als du sagtest, du wärst mit einem Gürtel geschlagen worden, schreckte ich zurück und spürte jeden Schlag.

Wenn ich versuchte, jemandem davon zu erzählen, sperrte sie mich hinter einer Falltür im Hühnerstall ein. Manchmal musste ich die ganze Nacht in diesem Loch verbringen (auch heute noch betrete ich keine dunklen Räume).

Als du mir sagtest, dass du mich liebst, und du mich drücktest,
fühlte ich mich gut. Ich wurde noch nie von einer Frau oder von
meiner Mutter umarmt. Ich fange an zu glauben, dass es nicht
wehtut, von Christen umarmt oder berührt zu werden. Ein solches
Leben ist mir nahezu unbekannt, aber ich weiß, dass die Damen von
der Konferenz anders sind.

Dorie, in den 39 Jahren meines Lebens hat noch nie jemand zu mir
gesagt: »Ich liebe dich«, und mich so umarmt wie du. ... Ich hoffe,
du hast es wirklich so gemeint. Ich fühle mich wie ein kleines Kind,
das hofft, dass sich jemand um mich sorgt, stelle mir aber immer
noch die Frage nach dem Motiv.

Dorie, bitte schreib mir und sag uns alles über euren Jesus. ... Ich
kann es noch immer nicht fassen, wie viel Liebe ich dort spürte,
auch wenn ich die Lieder, die sie sangen, nicht kannte, war alles
doch so wunderbar.

Weißt du, Dorie, wenn ich je gut genug bin für euren Gott (und
eines Tages werde ich es sein, denn mein Mann sagt, dass wir nach
einer Gemeinde suchen und eine Bibel kaufen und darin zusammen
lesen werden) ..., wenn ich gut genug bin, um in den Himmel zu
kommen, weißt du, was ich dann tun werde? Dann setze ich mich
auf Jesu Schoß (ich saß noch nie auf jemandes Schoß) und bitte ihn,
mich so lange zu drücken, bis es nicht mehr wehtut.

Ich glaube, das werden viele von uns tun! Die bedingungslose,
grenzenlose Liebe Jesu genießen, »bis es nicht mehr wehtut«.

In meinem Brief an diese Frau erklärte ich, dass mein Jesus
noch viel besser sei, als sie glaubte. Wir müssen nicht gut genug
sein, um in den Himmel zu kommen. Alles, was wir tun müssen, ist, ihn als unseren Heiland anzunehmen, und er wird uns
für immer zu Kindern Gottes machen. »So viele ihn aber aufnahmen, denen gab er das Recht, Kinder Gottes zu werden, denen,
die an seinen Namen glauben« (Joh 1,12).

Lasst uns dieser verwundeten Welt eine liebevolle Umarmung schenken. Wir tun es um Christi willen, der gekommen ist, um unsere Wunden zu heilen und uns wieder gesund zu machen. Unsere Umarmung kann seine Umarmung sein für die Menschen, die erfahren müssen, was Liebe bedeutet.

Verlängerte Arme

Gott,
ich hörte,
deine Arme
haben eine Verlängerung …
Oder ist es so,
dass du verlängerte Arme hast?

Gott,
wenn du wirklich
verlängerte Arme hast
hier unten –

Wen wirst du mir
dann heute
mit deinen ausgestreckten Armen
senden?

Nancy Spiegelberg

Liebe Dorie,

sechs Wochen, bevor ich dich zum ersten Mal reden hörte, habe ich versucht, mir das Leben zu nehmen. Ich hatte so viel Ablehnung erfahren, und die letzte war eine zu viel – mein Ehemann verließ mich. Ich verbrachte acht Wochen im Krankenhaus, und sie halfen mir, diese Zurückweisung zu verkraften, aber du hast mir geholfen zu vergeben. Zwei Tage, bevor du kamst, war ich imstande, meine Mutter anzurufen, die mich mit 10 Jahren zur Adoption freigegeben hatte. Ich sagte ihr, dass ich ihr vergebe. Ich danke dir für dein Zeugnis über Vergebung.

In Liebe
R.

Die Kraft der Vergebung

Menschen, die missbraucht wurden, müssen viele Hindernisse überwinden, um emotional und geistig heil zu werden. Die vielleicht schwersten Barrieren sind Bitterkeit, Feindseligkeit und Wut. Würden Sie meine Post lesen, würden Sie verstehen, warum so viele Menschen mit einem bitteren, unversöhnlichen Geist zu kämpfen haben.

Eine 29-jährige Frau schrieb mir, dass sie als Frühgeburt im sechsten Monat zur Welt kam, weil der Abtreibungsversuch ihrer Mutter misslang. Bis zu ihrem vierten Lebensjahr wurde sie im Haus versteckt, weil ihre Mutter sich für das hässliche Kind schämte. Sie wurde herumgestoßen und geschlagen, bis sie zur Schule ging. Sie wusste nicht einmal, dass es Mütter gab, die ihre Kinder nicht schlugen. Mit anderen Kindern zu spielen, war ihr verboten. Ebenso schrecklich war, dass ihre Mutter sie nie in den Arm nahm, ihr nie sagte, dass sie sie liebte, ihr nie die Tränen abwischte. Stattdessen machte man sich ständig über dieses kleine Mädchen lustig.

Ihr Vater zog aus, kam aber jeden Tag zurück, um von seiner Frau das zu verlangen, »was sie ihm schuldete«, nämlich Sex.

An einem Nachmittag, sie war gerade neun Jahre alt, kamen ihr Vater und drei ältere Brüder betrunken nach Hause. Brüllend suchte der Vater im Haus nach seiner Frau, und als er sie nicht finden konnte, bemerkte er seine Tochter auf dem Bett. Da »die alte Dame« nicht aufzufinden war, sagte er zu seinen Söhnen, dass er sich von seinem kleinen Mädchen holen würde, was er wollte – alle vier waren sich einig, dass sie »so weit« sei.

Das kleine Mädchen rannte weg und kämpfte mit all ihrer Kraft, wurde aber letztlich von den Männern in die Enge getrieben und zum Bett geschleppt. Ihr Vater und die Brüder stritten sich, wer der Erste sein sollte; der Vater bestand darauf, dass es sein Recht sei, da er die Idee hatte. Ein Bruder drückte sie herunter, und sie wurde zu oralem Sex gezwungen; anschließend wurde sie von allen vier Männern vergewaltigt.

Sie warnten sie, sie würden sie töten, wenn sie jemandem davon erzählte. Ihr ältester Bruder steckte sie in die Badewanne, damit ihre Mutter nichts ahnte. Während sie im Wasser saß, schrie sie in Todesangst. Als ihre Mutter zurückkam, schlug sie sie, weil sie das Haus nicht gesäubert hatte.

Mit elf Jahren beschuldigte ihre Mutter sie zu Unrecht einer Affäre mit einem älteren Mann. Sie unterrichtete den Schulrektor darüber, und die Tochter musste länger bleiben. Als Strafe für diese angebliche Tat musste das Mädchen stramm in der Ecke stehen und auf 100-Watt-Glühlampen schauen, ohne zu blinzeln. Für das kleinste Zucken wurde sie geschlagen.

Als sie gegen 2 Uhr 30 oder 3 Uhr endlich ins Bett durfte, wurden ihre Füße an den Bettpfosten gefesselt. Ihre Mutter weckte sie mitten in der Nacht auf und quälte sie sexuell, um »zu sehen, ob du bei Mr. X warst«.

In ihrem Brief an mich schreibt diese junge Frau: »Mich wundert, dass die Nachbarn nie Fragen stellten – und meine Mutter immer für eine süße, gottesfürchtige alte Dame hielten. Bis zu diesem Brief habe ich nie jemandem etwas davon erzählt, weil ich dachte, man würde mir sowieso nicht glauben … wer weiß, vielleicht tun Sie es auch nicht.«

Aufgrund all ihrer Verletzungen flog die junge Frau vom College (sie konnte die Aufgaben erfüllen, aber nicht die emotionale Stärke aufbringen, den Unterricht zu besuchen) und flüchtete sich in Fresssucht, um fehlende Freuden zu kompensieren. Es ist nur allzu verständlich, dass sie verbittert ist. Sie sagt, hätte sie den Mut, würde sie ihre Familie umbringen. »Ich habe«, schreibt sie, »einen solchen Hass auf sie, dass es mich fast schon ängstigt.«

Eine solche Geschichte wirft viele quälende Fragen auf. Wie kann diese Frau von den Jahren der Bitterkeit befreit werden, die sich in ihrem Kopf und in ihrer Seele aufgebaut haben? Kann sie das, obwohl sie weiß, dass ihre Familie hier auf der Erde vielleicht nie für ihre Taten zur Rechenschaft gezogen werden wird? Ist Vergebung realistisch, wenn die Familie nicht einmal darum gebeten hat? Wie kann diese Frau von den emotionalen Verletzungen einer derartigen Brutalität befreit werden?

Dieses Kapitel handelt von einem schwierigen Thema – Vergebung. Sie fragen sich vielleicht, wie es möglich sein kann, den Menschen zu vergeben, die Ihnen extremste Grausamkeiten zugefügt haben. Ein allgemeines Verständnis davon, wie Vergewaltiger so verhärtet werden, dass sie selbst kleine Kinder absichtlich verletzen, könnte helfen, Ihre Wut abzuschwächen. Dann kann Vergebung beginnen.

Der Weg zu moralischer Ausschweifung beginnt normalerweise mit einer Reihe kleiner und scheinbar unbedeutender Entscheidungen. Aber ein Schritt führt zum nächsten, bis sich alle möglichen perversen Verhaltensweisen des Lebens eines Mannes bemächtigt haben. Ted Bundy, ein Mann, der für den Mord an etwa zwanzig jungen Frauen hingerichtet wurde, erklärte ganz offen, dass er süchtig nach Pornografie war. Irgendwann befriedigte ihn diese Gewohnheit nicht mehr und er griff zu Gewalt, die in ihm dieselbe Euphorie erzeugte wie Pornografie. Nur ein bizarres Verhalten konnte ihm den sagenhaften Orgasmus bringen, nach welchem er verlangte. Bundy hatte anfangs nicht die Absicht, ein Pädophiler oder Mörder zu werden. Er fing mit einer Sünde an, von der er dachte, er könne sie kontrollieren, entdeckte dann aber, dass er das nicht konnte. Stattdessen beherrschte sie ihn.

Der Mensch hat mit seiner gefallenen sündigen Natur zu kämpfen; Bundy ist ein Beweis dafür. Aber das Umfeld eines Menschen, vor allem sein Zuhause, hat einen großen Einfluss auf seine Entscheidungen im Leben. Wenn seine Eltern ihn missbraucht haben, ist es wahrscheinlicher, dass er seine Kinder ebenso missbraucht, so wie er es selbst erfahren hat. Warum?

Ob bewusst oder nicht: Er lebt seine eigene Feindseligkeit aus. Er erniedrigt seine Kinder, so wie er erniedrigt wurde; er sieht sich selbst in ihnen und greift zu Gewalt, um seine Wut auszuagieren.

Außerdem sagt uns die Bibel, dass der Teufel in der Welt wirkt. Mit seinen unzähligen Dämonen kontrolliert er bis zu einem gewissen Maß die Taten böser Menschen. Er nutzt jede Gelegenheit, um die Menschen blind für ihre wahren Bedürfnisse zu machen, und führt sie stattdessen in betrügerische Begierden.

Verbinden Sie jetzt diese drei Faktoren miteinander: die sündige Natur des Menschen, Ablehnung durch feindselige oder misshandelnde Eltern und das Wirken des Teufels. Diese Kombination kann einen Menschen zu fast jeder vorstellbaren Form von Grausamkeit führen. Diese Faktoren bringen einen Vater dazu, sein schutzloses 9-jähriges Mädchen zu vergewaltigen, oder eine Mutter dazu, ihr eigen Fleisch und Blut zu ertränken. So verwerflich diese Taten auch sind: Es ist eine Tatsache, dass viele Menschen in ihren eigenen Begierden und Lüsten gefangen sind.

Trotz des großen Potenzials zum Bösen im Menschen kann eine schreckliche Vergangenheit durch Vergebung überwunden werden. Manche behaupten, wir könnten anderen nur vergeben, wenn sie uns darum bitten; schließlich wird uns gesagt, Vergebung erfordere, dass der Täter Versöhnung sucht. Wäre das jedoch wahr, würden die meisten von uns nach wie vor an unserer Bitterkeit festhalten. Vergewaltiger bitten selten – wenn überhaupt – um Vergebung. Wir müssen bereit sein, die Bitterkeit aufzugeben, die wir denen gegenüber empfinden, die uns Unrecht getan haben, ganz gleich, ob sie darum bitten oder nicht. Vergebung ist wichtig für unser eigenes Wohlergehen; es ist nicht etwas, das ausschließlich dem Täter nutzt. Manchmal müssen wir sogar verstorbenen Personen vergeben, wenn wir innerlich geheilt werden wollen.

Ich möchte deutlich herausstellen, dass jeder Mensch seine eigene Zeit braucht, um vergeben zu können. Veranlagungen und Umstände sind so unterschiedlich, dass es keine allgemeine Formel für jeden Menschen geben kann. Manche können ihren Vergewaltigern ziemlich schnell vergeben; andere brauchen Monate und sogar Jahre. Doch ich glaube, dass jeder Mensch vergeben und die Bitterkeit überwinden kann – selbst die junge Frau, die ich am Anfang des Kapitels beschrieben habe. Wenn Vergebung unmöglich erscheint, sollten wir daran denken, dass Gott uns hilft, das Unmögliche zu vollbringen. Er weiß, was Vergebung ist, da er selbst so oft vergeben hat.

Vergebung ist sowohl eine Tat als auch ein Prozess. Deshalb müssen die in diesem Kapitel beschriebenen Schritte gegebenenfalls viele Male wiederholt werden. Die Prinzipien sind nicht notwendigerweise in der angeführten Reihenfolge anzuwenden. Für eine emotionale und geistige Heilung sind sie aber *alle* erforderlich. Diese Prinzipien für Vergebung haben mir geholfen, meine Bitterkeit gegenüber meiner Mutter loszulassen.

1. *Wir müssen den Täter als Mensch betrachten.* Wenn wir von Kindesmisshandlungen lesen, halten wir die Täter schnell für eine andere Spezies – wir meinen, sie wären »Tiere« und keine Menschen. Aber in einer Hinsicht ist der Mensch wie ein Tier. Ohne Gott lebt er wie ein Tier. Wenn uns Gottes Sicht auf das Leben fehlt, geht es uns manchmal so wie dem Psalmisten Asaph: »Da war ich dumm und wusste nichts; ein Tier war ich bei dir« (Ps 73,22). Ein Mensch, der sich selbst überlassen wird, ist sogar schlimmer als ein Tier, weil er schlau und kreativ in seiner Grausamkeit ist. Kein Tier ist so rachsüchtig, clever und entwürdigend wie ein Mensch, der Gott vom Thron stößt und seinen eigenen lustvollen Begierden nachjagt.

Aber der Mensch unterscheidet sich auch vom Tier. Wir alle wurden mit einem Gefühl für Recht und Unrecht geboren. Wir besitzen die Fähigkeit, Gott kennenzulernen, und in unser Herz wurde die Ewigkeit hineingelegt. Der Mensch stand schon immer vor der Entscheidung: Entweder entwickelt er eine Beziehung zu Gott, oder er läuft der Sünde hinterher. Obwohl wir durch den Sündenfall alle der Sünde verfielen, besitzt jeder von uns noch ansatzweise das Bild Gottes in sich.

Was unterscheidet einen Menschen vom anderen? Nur die Gnade Gottes und das Umfeld, in dem er aufgewachsen ist. Deshalb können wir sagen, dass jeder von uns von Geburt an in der Lage ist, die größte vorstellbare Sünde zu begehen. Die Saat des unbeschreiblich Bösen liegt in uns allen.

Menschen bleiben moralische Wesen, auch nachdem sie eine Straftat begangen haben. Das Bild Gottes im Menschen wird nie ganz ausgelöscht, nicht einmal bei den am stärksten verhärteten Kriminellen. Aus diesem Grund halten es die meisten Kriminellen nicht aus, wenn sie mit sich selbst konfrontiert werden. Einerseits fühlen sie sich zur Ausübung ihrer bösen Begierden gezwungen, andererseits wissen sie intuitiv, dass sie etwas Unrechtes tun. Um vor sich selbst bestehen zu können, haben sie nur eine Möglichkeit: Leugnung. Es ist überflüssig zu sagen, dass sich das Herz solcher Menschen verhärtet. Paulus sagt über diese Personen, dass »sie alle Empfindung verloren« haben – d. h., sie sind zu menschlichem Mitgefühl und Güte nicht in der Lage. Ihre Gefühle konzentrieren sich nur auf sich selbst. Dennoch sind sie sich in gewisser Weise über Recht und Unrecht bewusst.

Stellen Sie sich vor, durch welche Hölle ein Vergewaltiger gehen muss, wenn er jegliches natürliches Mitgefühl abtötet. Es ist nicht leicht, die natürliche Liebe zu ersticken, die eine Frau für ihr Baby hat, aber es ist möglich. Ähnlich schwer ist es, die natürliche Zuneigung eines Vaters zu seinen Kindern auszulöschen, aber auch dies ist denkbar, wenn die Kinder die aktive Ausübung seiner Begierden stören. Wenn ein Mensch sein Gewissen unterdrückt und seinen pervertierten Lüsten folgt, wird es bei jedem Male einfacher, dieses Verhalten zu wiederholen. Bis schließlich kein Gefühl mehr übrig ist.

So gesehen, müssen wir den Vergewaltiger selbst als Opfer betrachten – als das Opfer seiner eigenen Lüste, gekettet an egoistische Begierden und Feindseligkeit. Würden wir die Wahrheit über solche Menschen kennen und wüssten wir, welchen Missbrauch sie erlebt haben, und verstünden wir ihre offensichtliche Hilflosigkeit, mit den Zwängen des Lebens umzugehen, dann würde sich unsere Wut leichter in Mitleid verwandeln lassen.

Ich weiß nur sehr wenig über die Herkunft meiner Mutter oder die inneren Frustrationen, die sie gespürt haben musste, als sie versuchte, meine Schwester und mich ohne Ehemann und ohne hilfsbereite Freunde aufzuziehen. Hätte ich aufdecken können, was hinter diesem harten, lieblosen Äußeren lag, so nehme ich an, dass ich eine Mutter gesehen hätte, die Opfer ihrer eigenen Feindseligkeit geworden war, eine Mutter, die selbst nicht die zärtliche Liebe empfangen hatte, nach der sich jeder Mensch sehnt.

Ich sage nicht, dass Menschen nicht verantwortlich sind für das, was sie tun. Vergewaltiger jeder Art müssen zur Rechenschaft gezogen werden. Aber sie können nach Hilfe suchen. Hierzu können sie sich an Gott und an andere Menschen wenden. Ich meine lediglich, dass sich solche Menschen oft nicht selbst ändern können. Und wenn sie ihre Not anderen (und vor allem Gott) nicht eingestehen, sind sie gefangen in ihren eigenen Leidenschaften und egoistischen emotionalen Bedürfnissen.

Daher müssen wir fragen: Wie können wir von einer jungen Frau erwarten, dass sie ihrem Vater seine Vergewaltigung vergibt, da sie doch weiß, dass er für seine Tat nie verantwortlich gemacht werden wird? In uns allen schreit etwas nach Gerechtigkeit.

2. *Wir können vergeben, ohne unsere Sehnsucht nach Gerechtigkeit aufgeben zu müssen.* Die Bibel sagt ausdrücklich, dass wir »die Rechnung nicht selbst begleichen« sollen. Paulus schrieb: »Rächt nicht euch selbst, Geliebte, sondern gebt Raum dem Zorn; denn

es steht geschrieben: ›Mein ist die Rache; ich will vergelten, spricht der Herr‹« (Röm 12,19).

Der Mensch, der zur Vergebung bereit ist, ohne die Rache in die eigene Hand zu nehmen, muss seine Vergangenheit an Gott abgeben, den Richter des ganzen Universums. Wir müssen bereit sein zu glauben, dass Gott alles, was je geschehen ist, gerecht behandeln wird. In dieser verdrehten Welt sollten wir uns daran erinnern, dass jeder Gerichtsfall, der auf der Erde stattfand, noch einmal aufgerollt werden wird. Jede Tat und jedes Wort ist für einen zukünftigen Bericht sorgfältig aufgezeichnet. Vor Gott wird niemand auf einen Verteidiger zurückgreifen oder auf legale Hintertürchen oder einen Handel hoffen können. Nur die Fakten werden zählen – unverfälscht und unverzerrt. Niemand wird entkommen. Gott wird alles in Zeitlupe wiederholen.

Seine Gerechtigkeit wird vollkommen zufriedengestellt werden. Menschen, die Christus als ihren Erlöser angenommen haben, empfangen seine Gnade, da Gottes Forderungen von Christus vollständig bezahlt wurden; jene, die ihn nicht annehmen, haben niemanden, der ihre Sünden bezahlt. Da sie es nicht selbst tun können, werden sie ihre Schuld für immer behalten und die ganze Ewigkeit in der Hölle verbringen.

Der Kreuzestod Christi errettet die Gläubigen vor dem Zorn Gottes, den wir nur allzu sehr verdient haben. Auch unser Leben wird beurteilt werden, mit dem Ziel, unseren himmlischen Lohn zu bestimmen. Doch das Gericht der Hölle hat Christus, unser Erlöser, für uns getragen.

Christus ertrug Ungerechtigkeit, ohne die Rechnung sofort begleichen zu müssen. »Der, gescholten, nicht wiederschalt, leidend, nicht drohte, sondern sich dem übergab, der gerecht richtet« (1Petr 2,23). Das hilft uns zu verstehen, warum die junge Frau, die von ihrem Vater und ihren Brüdern vergewaltigt wurde, ihnen vergeben kann. Sie kann es, weil sie weiß, dass sie eines Tages vor Gott stehen und für all ihre Taten verantwortlich gemacht werden werden. Dann wird Gott ihre Strafe festlegen.

Jede Tat wird zur Rechenschaft gezogen, und der Gerechtigkeit wird Genüge getan. Gott wird gerecht richten.

Daher können wir die Gerechtigkeit Gott überlassen. Er wird sich für uns darum kümmern, so wie er es für Christus tat, der auf Vergeltung verzichtete und sich stattdessen dem Vater übergab. Wir können vergeben, da wir wissen, dass unsere Sehnsucht nach Gerechtigkeit letzten Endes völlig gestillt wird.

3. *Vergebung ist kein Gefühl, sondern ein Akt des Willens.* Wir können die Entscheidung treffen, anderen zu vergeben, ganz gleich, ob wir uns danach fühlen oder nicht.

Das Verlangen nach Rache ist so tief in der menschlichen Natur verwurzelt, dass es uns schwerfällt, unsere Bitterkeit aufzugeben. Unsere Gefühle in Gottes Hände zu legen und unsere Sache ihm zu überlassen, scheint uns unmöglich. Die Tatsache, dass ein Großteil unseres Lebens durch Missbrauch ruiniert wurde, ist schwer zu akzeptieren, und nur selten »fühlen« wir Vergebung für die Menschen, die uns verletzt haben.

Aber wir können sagen: »Im Namen Christi entschließe ich mich zu vergeben!« – auch wenn das jeder Faser unseres Wesens widerstrebt. Da Gott uns gebietet zu vergeben, müssen wir es tun. *Er wird uns die Gnade schenken, seinem Gebot gehorsam zu sein.*

Da Wut und Bitterkeit uns innerlich zerstören, müssen wir Vergebung als etwas Gutes ansehen, das wir für uns tun. Ich fragte einmal eine Frau, die bei mir Rat suchte: »Warum sollte Ihr Vergewaltiger auch weiterhin Ihr Leben ruinieren? Hat er Ihrer Seele nicht schon genug Schaden zugefügt?« Wenn Sie nicht vergeben, sind Sie der Verlierer. Dem Täter sind Sie gleichgültig. Warum lassen Sie es zu, dass er Sie noch immer kontrolliert, indem Sie Gefühle hegen, die Ihre geistliche Entwicklung behindern?

Geben Sie Ihre Gefühle Gott. Geben Sie ihm Ihre Zukunft. Sie werden von der Heilung überrascht sein, die Gott Ihnen schenkt, wenn er Ihre Verletzungen zu tragen beginnt. »... indem ihr all eure Sorge auf ihn werft; denn er ist besorgt für euch« (1 Petr 5,7).

4. *Vergebung ist keine einmalige Handlung, sondern ein Prozess.* Seien Sie nicht entmutigt, wenn Sie versuchen zu vergeben, aber feststellen müssen, dass die Bitterkeit wiederkommt. Es gab Zeiten, in denen ich jemandem vergab und dann merkte, dass meine bitteren Gefühle erneut hochkamen.

Vielen Menschen ist es eine Hilfe, ihrem Vergewaltiger einen Brief zu schreiben, ohne ihn abzuschicken. Oder schreiben Sie einen Brief an einen Freund und erklären ihm, was mit Ihnen geschehen ist; sagen Sie es jemandem, der Ihnen hilft, Ihren Schmerz zu tragen. Die junge Frau, deren Geschichte ich zu Beginn dieses Kapitels aufgriff, sagte, dass sie in ihrem Brief an mich zum ersten Mal einer anderen Person ihre Vergangenheit erzählte. Stellen Sie sich vor, wie es sie gequält haben muss, diese Schmerzen die ganze Zeit über für sich zu behalten.

Missbrauchsopfer, die längst vergeben und (beinahe) vergessen haben, verstehen, wie ein Erlebnis bittere Gefühle auslösen kann. Einer Mutter zuzusehen, wie sie sich liebevoll um ihr Kind sorgt, kann Zorn gegenüber den eigenen Eltern hervorrufen, die sich nicht um Sie gekümmert haben. Bestimmte Räume oder Farben können Sie an den Missbrauch erinnern, den Sie in einer ähnlichen Umgebung erleiden mussten. Doch lassen Sie sich nicht entmutigen. Wenn Sie an Ihrer Entscheidung, dem Täter zu vergeben, festhalten, werden Sie bemerken, dass die Bitterkeit der Vergangenheit allmählich die Gewalt über Sie verliert. Sollte sie in Ihrer Seele wieder hochkommen, wird sie nicht mehr so viel Macht über Sie haben und auch nicht mehr so lange anhalten wie früher.

Wie David brauchen auch wir eine Zeit, in der wir unsere Seele vor Gott ausschütten. Machen Sie das so oft wie nötig. Mir hat das sehr geholfen im Umgang mit meiner Vergangenheit. Ich habe erfahren, dass Gott breite Schultern hat; er ist imstande, das ganze Gewicht unserer emotionalen Wunden und Schmerzen zu tragen.

Die junge Frau, mit deren Geschichte das Kapitel begann, hat kaum eine andere Wahl, als ihrem grausamen, verdorbenen Vater und ihren ebensolchen Brüdern zu vergeben. Die Alternative ist, von Bitterkeit und Rachsucht beherrscht zu werden. Solche Gefühle zögern eine emotionale und geistige Heilung nur heraus. Ich bete, dass sie zu Vergebung bereit ist. Gott kann ihr helfen.

Ich will dich erheben, Herr, denn du hast mich emporgezogen
Und hast nicht über mich sich freuen lassen meine Feinde.
Herr, mein Gott!
Zu dir habe ich geschrien, und du hast mich geheilt.
Herr! Du hast meine Seele aus dem Scheol heraufgeführt,
Hast mich belebt aus denen, die in die Grube hinabfahren.
Singt dem Herrn Psalmen, ihr seine Frommen,
Und preist sein heiliges Gedächtnis!
Denn ein Augenblick wird verbracht in seinem Zorn,
Ein Leben in seiner Gunst;
Am Abend kehrt Weinen ein,
Und am Morgen ist Jubel da.

Psalm 30,2-6

Liebe Dorie,

Dorie, als ich dich deine Geschichte erzählen hörte, war ich so wütend. Ich fragte mich, wie man einen solchen Gott lieben könne! Aber durch dein Zeugnis und die Unterstützung von Freunden begann ich meine Einstellung zu ändern. In den letzten beiden Jahren hat Gott mich zerbrochen und meine Ansicht über ihn verändert. Ich kämpfe noch immer mit meinen Gefühlen, versuche mir aber jetzt nicht mehr das Leben zu nehmen. Ich habe mich entschieden, mich um meine Vergangenheit zu kümmern und ihm weiter nachzufolgen!

In Liebe
S.

Die Kraft der Liebe des Vaters

Hören Sie den Hilferuf eines 16-jährigen Mädchens, deren Eltern sich scheiden ließen, als sie neun Jahre alt war. Ein paar Tage später heiratete ihre Mutter, starb aber kurze Zeit darauf. Deshalb lebte das Mädchen bei ihrem leiblichen Vater, der sie missbrauchte. Dann wurde sie von ihren Brüdern und Schwestern getrennt und kam in einer Pflegefamilie unter. Sie spricht für viele von uns:

Ich habe von Gott gehört, aber ich frage mich, ob er sich kümmert. Als ich aufwuchs, hasste ich ihn. Ich hasste ihn, weil er mich das alles hat durchmachen lassen. Ich fragte mich: Warum ließ er das zu, wenn er mich liebt? Ich hatte nichts getan, dass ich das verdient hätte. Ich war so verletzt, dass ich mit anderen Jugendlichen herumhing, die rauchten, tranken und Tabletten nahmen. Ich habe sogar versucht, mich umzubringen.

Mir wurde gesagt, ich sollte Christus in mein Leben aufnehmen, und ich will das auch, aber es ist so schwer. Warum half er mir nicht, als ich aufwuchs?

Ich habe dein Buch Dorie – ein verwandeltes Leben *gelesen und es geliebt. Ich musste weinen, weil du so bist wie ich. Wenn du dich ändern kannst, kann ich es auch, aber es ist nicht leicht. Wenn du mir helfen könntest, wäre das wunderbar.*

Deine Freundin S.

Wenn es stimmt, dass wir unser Bild von Gott von unseren leiblichen Vätern ableiten, welche Hoffnung haben dann die Menschen, die von ihren Vätern abgelehnt und in einigen Fällen schwer enttäuscht wurden? Unser himmlischer Vater griff nicht ein – er lässt es zu, dass Kinder missbraucht werden, sogar zum

Teil so sehr, dass sie sterben. Das gehört sicherlich zu den schwierigsten theologischen Problemen, die es gibt. Doch solange wir keinen Frieden mit unserem himmlischen Vater haben, werden wir nie emotional gesund.

Der Schmerz der Ablehnung

Als ich mit meiner Schwester in diesem schmutzigen Apartment im kalifornischen Oakland aufwuchs, besuchte unser Vater uns nur ein oder zwei Mal. Im Waisenhaus musste ich oft daran denken; ich fragte mich, ob es ihm etwas bedeutete, zwei Töchter zu haben, die irgendwo auf der Welt groß wurden. Ich fragte mich, wie es wohl sein müsste, einen Vater zu haben, der sich um sein Kind sorgt.

Mit 19 hatte ich erhebliche Schwierigkeiten, meinen in Oklahoma lebenden Vater zu finden. Anderthalb Jahre blieb ich bei ihm und seiner Frau, bis ich der Arbeit wegen nach Oakland zurückkehrte.

Ein Jahr später entschloss ich mich, nach Tulsa zurückzugehen, um ihm persönlich etwas mitzuteilen: Ich wollte ihm sagen, dass Gott mich in den Missionsdienst berief. Obschon er meine Liebe für Gott nicht teilte, dachte ich, er würde stolz auf meine Entscheidung sein.

Nach der langen Zugfahrt nahm ich ein Taxi zu seinem Haus. Ich bezahlte den Fahrer und sprang mit meinem Koffer in der Hand schnell heraus. Mein Vater saß auf der Veranda, wo er sich häufig entspannte.

»Dad!«

»Hallo Schatz.«

Ich wusste: Meinem Vater ging es nicht gut. Er hatte ein Herzleiden und schien nicht beschwerdefrei. »Dorie«, sagte er langsam, »mein ganzes Leben habe ich nach einer bestimmten Philosophie gelebt. Aber weißt du ...« Er machte eine Pause und suchte nach den richtigen Worten. »Weißt du, jetzt habe ich keine Philosophie, nach der ich sterben kann. Und ich werde bald sterben.«

Auf diesen Augenblick hatte ich gewartet. Ich sagte ihm noch einmal, was Christus in meinem Leben getan hatte und dass er jeden auf den Tod vorbereiten könne.

»Nein! Ich wollte ihn nicht, als ich gesund war, und ich will ihn auch jetzt nicht.«

Ich traute kaum meinen Ohren, aber ich musste fortfahren und ihm sagen, weshalb ich gekommen war. »Dad, ich bin gekommen, um dir etwas mitzuteilen. Gott hat mich berufen, Missionarin in Neuguinea zu werden und anderen von Christus zu erzählen. Ich hoffe, im Herbst die Bibelschule besuchen zu können.«

Krank, wie er war, stand er von seinem Schaukelstuhl auf und drehte sich um. »Wenn du das vorhast, dann pack deinen Koffer erst gar nicht aus. Bestell dir ein Taxi, das dich abholt. Von jetzt an bist du nicht mehr meine Tochter.«

»Dad, das meinst du doch nicht ernst!«

»Doch, das tue ich. Ich will dich nie wieder sehen.«

Tränen stiegen mir in die Augen, aber ich unterdrückte sie. Die Entschiedenheit in seiner Stimme machte mir Angst. Es gab nichts, was ich sagen konnte. Ich ging ins Haus und rief ein Taxi in der Hoffnung, mein Vater würde noch seine Meinung ändern. Als ich zurück auf die Veranda ging, stand er noch immer mit dem Rücken zu mir. Ich versuchte, ihn zu umarmen, aber er machte sich ganz steif. »Dad, ich liebe dich noch immer.«

Er gab keine Antwort. Und drehte sich auch nicht um. Augenblicke später fuhr das Taxi vor dem Haus vor. Ich griff meinen Koffer und setzte mich nach hinten. Als das Auto wegfuhr, sah ich nur den Rücken meines Vaters. Das war das letzte Mal, dass ich ihn lebend sah.

Der Regen schlug gegen die Scheiben des Zugs, als er sich auf den langen Rückweg von Tulsa nach Kalifornien machte. Jedes Tuckern der Dampflok schien zu sagen: *Du bist ganz allein*

– du bist ganz allein – du bist ganz allein. Ich weinte ganz öffentlich und fummelte mit meinem feuchten Taschentuch in den Händen umher. Für einen Augenblick dachte ich, ich wäre wirklich allein. Ich hatte für diese Reise gebetet. Ich hatte häufig für meinen Vater gebetet, doch jetzt hatte er mich zurückgewiesen.

Erst nach einer Stunde erinnerte ich mich daran, dass Gott mich nicht verlassen hatte. Mir fielen einige Bibelverse ein, die ich Jahre zuvor auswendig gelernt hatte. Gott würde bei mir sein. Meine Mutter bereute es, dass sie mich überhaupt geboren hatte. In meinen entscheidenden Jahren hatte sich mein Vater nicht um mich gekümmert, und jetzt hatte er mich verstoßen. Mir blieb nur ein Freund – Jesus Christus.

Jahre nach meiner Hochzeit erfuhr ich von Freunden zufällig vom Tod meines Vaters. Lloyd und ich hörten davon, als wir von einer Konferenz in Toronto zurückkamen. Wir beschlossen, zur Totenwache, die am nächsten Tag angesetzt war, nach Oklahoma zu fahren. Die Beerdigung war einen Tag später.

Als wir an der Leichenhalle ankamen, schrieb ich meinen Namen ins Besucherbuch unter der Überschrift »Töchter«. Der Bestattungsunternehmer sagte: »Er hatte keine Kinder.«

»O doch, ich bin seine Tochter.«

»Die Familie hat das sehr mitgenommen – ich glaube, Sie sollten jetzt nicht hineingehen.«

»Wir kommen später wieder, wenn niemand hier ist.«

Mein Vater hielt sich an sein Wort. Auf der Todesanzeige stand: »Er hatte keine Kinder.« Der Bestattungsunternehmer wollte die Wünsche meines Vaters respektieren.

Am Abend fuhren Lloyd und ich zur Leichenhalle, um meinen Vater zu sehen. »Lloyd, es tut mir leid, dass ihr euch auf diese Weise kennenlernen müsst«, sagte ich.

»Ist schon in Ordnung. Ich verstehe das.«

Mein Vater trug ein dunkelrotes Gewand, und seine Hände waren über seiner Brust verschränkt. Mit seinen markanten

Zügen und seiner dunklen Gesichtsfarbe sah er selbst im Tod noch gut aus.

Die Gefühle von vielen Jahren strömten heraus. »Dad, ich habe dich geliebt! Ich habe dich geliebt!« Als wir uns abwandten, klangen mir die letzten Worte meines Vaters in den Ohren: »Ich will dich nie wieder sehen. Von jetzt an bist du nicht mehr meine Tochter.«

Soweit ich weiß, lehnte mein Vater die Vergebung Christi bis zum Ende ab. Wenn das stimmt, werden wir uns nie wieder sehen. Das Gespräch auf der Veranda war unser letztes; es wird kein Aufwiedersehen und kein Hallo mehr geben – nie wieder.

Die Suche nach der Liebe eines Vaters

Obschon mein Vater mich zurückwies, misshandelte er mich körperlich nicht. Ich habe festgestellt, dass ich noch Glück gehabt habe, verglichen mit den vielen Menschen, die von ihren eigenen Vätern körperlich und sexuell missbraucht wurden.

Eine junge Frau, deren Mutter einen Kinderschänder heiratete, sagte Folgendes über ihren Stiefvater: »Zwischen 8 und 10 Jahren wurde ich von meinem Stiefvater wöchentlich zwei oder drei Mal sexuell belästigt. Als Jugendliche war meine seelische Qual unerträglich. Ich fragte mich, ob ich ›lesbisch‹ werden würde oder je eine Frau werden würde, die ihren Mann sexuell wirklich befriedigen könnte.« Sie erklärt weiter, dass ihr Selbstbild auch unter den Bemerkungen ihres Stiefvaters litt. Einerseits sagte er ihr, sie hätte das »Potenzial einer Schönheitskönigin«, wenn er sie in Form bringen könnte. Dann wiederum meinte er, sie sei zu fett oder zu hässlich für einen Freund.

Die am weitesten verbreitete Form sexuellen Missbrauchs ist Inzest zwischen einem Vater und seiner Tochter. Es fängt damit an, dass der Vater das Kind streichelt, häufig, wenn das kleine Mädchen im Bett ist – an dem Ort, der angeblich für Sicherheit und Geborgenheit steht. Der Erwachsene, dem sie vertraut, sagt ihr: »Das machen alle Daddys mit ihren Töchtern, um ihnen zu zeigen, dass sie sie lieb haben.« Das geht mit anderen Formen der Berührung weiter bis hin zum Geschlechtsverkehr.

Das ist die höchste Form des Vertrauensbruchs. Ein Vater sollte seine kleine Tochter beschützen, aber stattdessen tut er ihrer Persönlichkeit Gewalt an. Er ist der Mann, dem sie am meisten vertraut, derjenige, den sie bewundert, aber er missbraucht ihren kleinen Körper zu seiner eigenen Befriedigung. Er sagt ihr, sie solle niemandem etwas davon erzählen, da es ihr Geheimnis sei. In manchen Fällen droht der Vater dem Kind, dass es nichts der Mutter erzählen soll, sonst würde er alles abstreiten. Dann würde jeder glauben, das Mädchen sei eine Lügnerin.

Beim Frühstück tut er so, als wäre nichts geschehen. Den ganzen Tag über denkt das Mädchen darüber nach, was in der letzten Nacht passiert ist, kann die Dinge aber nicht zusammenbringen. Wie konnte ihr Vater, der behauptet, sie zu lieben, das mit ihr machen?

Die starke Persönlichkeit ihres Vaters macht es dem Mädchen fast unmöglich, sich ihm zu widersetzen oder einem anderen Erwachsenen davon zu erzählen. Sie fürchtet sich vor den Warnungen ihres Vaters; die Scham, die sie fühlt, hält sie zusätzlich in ihrem eigenen Gefängnis fest.

In manchen Fällen genießt das Mädchen vielleicht sogar die sexuelle Stimulation. Das vergrößert nur noch ihr Schuldgefühl. Sie glaubt, andere könnten sehen, was in ihrem Kopf und ihrem Herzen vor sich gehe; deshalb verschließt sie sich.

Für den Rest ihres Lebens sucht diese Frau nach einem »Vater«, dem sie vertrauen kann. Aber wo kann sie einen finden? Ihr irdischer Beschützer hat sie zu einem Opfer gemacht – würde ihr himmlischer Beschützer nicht dasselbe mit ihr machen?

Das Problem geht sogar noch tiefer. Gott, ihr himmlischer Vater, stand dabei und sah zu, was geschah, und unternahm anscheinend nichts. Wie kann er behaupten, die Welt zu lieben, da er doch schweigt, wenn Kinder missbraucht werden?

Ihr irdischer Vater hat sie missbraucht – und ihr himmlischer Vater kümmerte sich nicht darum.

In eine andere Familie hineinadoptiert

Nahezu alle missbrauchten Kinder zweifeln an Gottes Liebe. Die meisten sind wütend auf ihn. Solange sie nicht ihre Bitterkeit gegenüber dem Allmächtigen überwinden, können sie emotional nicht geheilt werden und ihre Vergangenheit nicht hinter sich lassen. Wie kann ein missbrauchtes Kind eine gesunde Beziehung zu Gott entwickeln?

Wie ich bereits erwähnt habe, müssen wir zunächst einmal Christus als unseren Erlöser annehmen. Das ist der erste und wichtigste Schritt. Wir alle haben gesündigt, und wir können nur Teil der Familie Gottes werden, wenn wir das Geschenk der Vergebung und des ewigen Lebens empfangen. Bedenken Sie: Der Kreuzestod Christi war ein Opfer für Sünden – weil Christus bezahlt hat, kann Gott uns vergeben und uns in seiner Familie aufnehmen. Dieses Geschenk muss im Glauben empfangen werden. Dann sind wir Kinder des Höchsten. Als ich Christus im Waisenhaus annahm, begann zwischen Gott und mir eine Beziehung, die bis heute anhält.

Als Nächstes müssen wir Gottes Plan akzeptieren, auch wenn wir ihn nicht verstehen können. Ich gebe zu: Ich weiß nicht, warum Gott solche Grausamkeiten in dieser Welt geschehen lässt, ohne einzugreifen. Was ich aber weiß, ist, dass Gott mich mehr liebt, als es ein irdischer Vater jemals tun könnte.

Wenn ich an das Kreuz denke, ist es mir ein Trost inmitten dieses ganzen Durcheinanders. Gott beschützte seinen eigenen Sohn nicht vor den Verletzungen durch böse Menschen. Der Sündlose wurde misshandelt, obwohl zehntausend Engel zu seiner Rettung bereitstanden. Weil er diese grausame Tat zuließ, kann die Welt Heilung erfahren. Ich muss glauben, dass das der Grund ist, weshalb Gott heute nicht eingreift: Er will seine

Macht zeigen, aus Bösem Gutes entstehen zu lassen, und seine Gnade inmitten menschlicher Brutalität und Sünde offenbaren.

Ich weiß: Gottes Plan unterscheidet sich von meinem eigenen. Es ist seine Entscheidung, uns nicht alle Antworten zu liefern. Aber er hat uns Segen verheißen, wenn wir glauben, dass er alles am besten weiß. Das bedeutet: Wir müssen uns ohne Bitterkeit Gottes Autorität unterstellen. Es ist viel besser, seine warme Liebe zu spüren, als sich von seiner heilenden Gnade abzuwenden!

Wir müssen unsere Seele vor Gott ausschütten und es ihm sagen, wenn wir an seiner Liebe zweifeln und seine Wege verwirrend finden. Wir müssen bereit sein, unsere Bitterkeit in seine Hände zu legen. Gott sucht Aufrichtigkeit.

An dieser Stelle möchte ich sagen, dass eine solche Kommunikation für viele Menschen ein Prozess ist, der manchmal über eine lange Zeit andauert. Gott zu lieben, ist ebenso ein Akt des Willens wie eine innere Haltung, die mit der Zeit wachsen muss.

Kommunikation mit dem Vater

Gott kann mit unserer Wut, unserer Schuld und unseren tiefsten Verletzungen fertig werden. Lesen Sie die Psalmen, und Sie werden feststellen, dass David seine Zweifel zugab und seine Enttäuschungen in Bezug auf Gott diesem mitteilte. In Psalm 77, 8-10 bringt der Dichter Asaph seine Frustration in Bezug auf Gott zum Ausdruck:

Wird der Herr auf ewig verwerfen und fortan keine Gunst mehr erweisen? Ist zu Ende seine Güte für immer? Hat das Wort aufgehört von Geschlecht zu Geschlecht? Hat Gott vergessen, gnädig zu sein? Hat er im Zorn verschlossen seine Erbarmungen?

Gott führte ihn durch diese bittere Erfahrung, und am Ende des Psalms dankte er Gott für seine Treue. Gott kann unsere Enttäuschungen und Zweifel in nichts auflösen. Wenn Sie wütend auf ihn sind, dann teilen Sie ihm Ihre Gefühle ehrfurchtsvoll, aber aufrichtig mit. Er wird es verstehen. Dann wird er Ihnen Verheißungen geben, die Ihnen seine Liebe und Fürsorge zusichern.

Lassen Sie mich dieses Kapitel mit einem weiteren Brief abschließen. Er stammt von einer Frau, die mein erstes Buch gelesen hat. Seit ihrem dritten Lebensjahr war sie in Pflegefamilien, Jugendstrafanstalten und Gefängnissen. Ihre Mutter starb an einer Überdosis Heroin, und sie sah ihren Vater nur einmal, als sie 15 war. Auch er hing an der Nadel. Heute lebt diese junge Frau bei einer guten Christin, die ihr durch ihre vierte Schwangerschaft hindurchhilft. Ihr erstes Kind wurde zur Adoption freigegeben, ihr zweites musste ihr im Alter von sechs Monaten weggenommen werden, und das dritte wurde abgetrieben.

Sie sagt, sie habe ihr Leben mit Drogen, Alkohol und Sex verbracht und sei in der Bandenszene gewesen, wolle sich aber ändern. Wie jede missbrauchte Person hat sie Probleme, Gottes Liebe anzunehmen, weil ihre Eltern ihr tiefe Verletzungen zugefügt haben. Sie war in der Stimmung, mit ihrem Vater zu kommunizieren, und schrieb:

Dorie, ich habe an meinen irdischen Vater gedacht und mich gefragt, wie es wohl wäre, ihm zu schreiben. Dann erinnerte ich mich aber daran, wie er mich im Stich ließ und mir keine Liebe schenkte. Ich dachte an meinen himmlischen Vater, der immer da war, wenn ich ihn brauchte. Doch ich war blind für seine Liebe und taub für sein Wort. Vor allem aber war ich widerspenstig. Deshalb habe ich mich entschlossen, ihm einen Brief zu schreiben.

O lieber Vater,
es tut mir so leid, dass ich dich so viele Male verletzt und zurückgestoßen habe. Warum konnte ich nicht vernünftig sein und erkennen, dass du mich liebst und immer geliebt hast – auch, als ich

ein kleines Kind war. Du hast mich immer geliebt und tust es noch, aber ich höre nicht auf, dich zu verletzen.

O lieber Vater, es tut mir leid, dass ich dich zum Weinen gebracht habe. Aber jetzt bin ich so glücklich ... denn du bist für meine Tränen gestorben. Ich danke dir, dass du durch den Tod Jesu mein Vater geworden bist.

Sunshine[1]

Gott kann Dunkelheit durch Sonnenschein ersetzen und Rebellion durch ein Gefühl der Annahme. Es liegt Kraft in der Vergebung des Vaters, Stärke in seiner Liebe und Sicherheit in seiner Fürsorge. Wir alle können den Namen »Sohnesschein« annehmen, da sein Sohn in unsere Herzen hineinscheint. »Sogar mein Vater und meine Mutter haben mich verlassen, aber der HERR nimmt mich auf« (Ps 27,10; RELB).

---

1   auf Deutsch: »Sonnenschein«

Liebe Dorie,

*Dorie, ich habe mit Menschen über die Probleme gesprochen, die
ich mit meiner Familie habe, aber sie verstehen die Verletzungen
und die Einsamkeit nicht, die ich spüre, weil sie es nicht erlebt
haben. Aus diesem Grund hat es mir sehr geholfen, mit dir zu reden.
Der Teufel wusste, dass deine Worte mir helfen würden, den Kampf
gegen meine Gefühle zu gewinnen. Ich werde diese Schlacht mit
der Hilfe des Herrn austragen, und ich weiß: Wir werden gewinnen.
Ich kämpfe weiter, weil ich jemand sein will! So wie du möchte ich
verletzten Menschen helfen. Früher fürchtete ich mich vor meiner
Zukunft, jetzt bin ich aufgeregt, wenn ich an sie denke. Ich dachte,
die Zukunft würde weitere Verletzungen vonseiten meiner Familie
bereithalten, aber ich danke Gott, dass er diese Verletzungen
benutzt, damit ich anderen helfen kann. Jetzt bin ich bereit,
Verletzungen hinzunehmen, wenn es hilft, die Verletzungen anderer
Menschen zu verstehen.*

*In Liebe
B.*

Die Macht Christi
über den Teufel

Als ich vor einer Gruppe in Kanada sprach, kam eine junge Frau auf mich zu. »Wenn ich könnte, würde ich Ihnen ins Gesicht schlagen!«, sagte sie, während sie mit geballter Faust vor mir stand. Sie sah aus, als würde sie ihre Drohung wahr machen. Aber sie konnte es nicht – zumindest bewegte sie ihren Arm nicht auf mich zu. Ich glaube, der Herr hielt sie zurück, und ich war froh, dass mehrere Leute um uns herumstanden, um sie festzuhalten.

Während sie vor Bitterkeit und Zorn um sich schlug, ging ich auf sie zu. »Ganz gleich, was Sie sagen«, meinte ich zu ihr, »Gott liebt Sie noch immer.« Später wurde mir berichtet, dass sie anfing, die Bänke mit ihren Fäusten zu bearbeiten, und versuchte, die Leute zu treten, die ihr helfen wollten.

»Passiert das häufig bei Ihren Vorträgen?«, fragte mich ein Reporter, der mich interviewen wollte.

»Manchmal«, erwiderte ich. »Wenn ein Chirurg einen empfindlichen Nerv trifft, schmerzt das.«

Und wie es schmerzt!

Ich habe mir oft gewünscht, wir hätten es nur mit unseren emotionalen und geistigen Problemen zu tun. Doch Tatsache ist, dass der Teufel hinter vielen von unseren Kämpfen steckt, und es bereitet ihm größte Freude, eine schwierige Situation noch zu verschlechtern. Der Fürst dieser Welt will uns vernichten, unsere emotionale Heilung behindern und uns gefangen halten. Er greift unsere Schritte auf dem Weg zu innerer Heilung an.

Was der Teufel tun kann

Der Teufel ist nicht allgegenwärtig, d. h., er kann nicht überall gleichzeitig sein. Allerdings hat er unzählige Dämonen, die seine Befehle ausführen und mit ihm zusammen an unserer Zerstörung arbeiten.

Dem Teufel ist es gestattet, über diese Welt zu herrschen. Einmal zeigte er Christus alle Reiche dieser Welt und sagte zu ihm: »Dir will ich diese ganze Gewalt und ihre Herrlichkeit geben; denn mir ist sie übergeben, und wem irgend ich will, gebe ich sie« (Lk 4,6). Christus widersprach dieser enormen Behauptung nicht. Oben auf dem Berg konnten Christus und der Teufel den ganzen Herrschaftsbereich des Bösen überblicken. Natürlich ging Christus auf das Angebot nicht ein, aber anscheinend hatte der Teufel das Recht, es ihm zu unterbreiten.

Der Teufel und seine Untergebenen können sich der Menschen und sogar der Tiere bemächtigen (vgl. Mk 5,13). Ist das erst einmal geschehen, tun sie alles, um sich in diesem Wesen festzusetzen und es zu beherrschen. Vor allem anderen wollen sie Macht und die völlige Zerstörung des Guten. Wie gewinnen sie Einfluss auf Menschen, besonders auf missbrauchte Kinder?

Wie der Teufel die Kontrolle gewinnt

Der Einfluss des Teufels beginnt beim Täter. Eine Möglichkeit zu erklären, wie eine Mutter versuchen kann, ihre Tochter in einer Badewanne zu ertränken, ist, dass wir die Macht grausamer Dämonen erkennen, die Menschen quälen und vernichten wollen. Wie sonst wären die abartigen Begierden eines Vaters zu erklären, die ihn dazu bringen, seine kleine Tochter sexuell zu belästigen? Ganz gleich, welche menschlichen Faktoren zu derartigen Perversionen beitragen: Sie werden von bösen Geistern noch intensiviert. Ein Kind, das von seinen Eltern missbraucht wird, wächst bereits in einem Umfeld auf, das den Einfluss böser Geister fördert.

Böse Geister haben Einfluss auf die Gedanken des Menschen. Wut und Bitterkeit können zu Einfallstoren für dämonische Verstrickungen werden. Paulus lehrte, dass wir dem Teufel Raum geben, wenn wir die Sonne über unserem Zorn untergehen lassen (Eph 4,26-27). Je länger solch negative Gefühle an uns zehren, umso wahrscheinlicher ist es, dass sie dämonischen Einflüssen eine Angriffsfläche bieten.

Allgemein sind Sünde, die nicht bekannt wird, oder vorsätzlicher Ungehorsam ein Einfallstor für den Teufel. Unmoral, Ausübung okkulter Praktiken und Filme mit sexuellen, gewalttätigen oder dämonischen Inhalten bieten dem Teufel und seinen gefallenen Engeln einen guten Nährboden für ihr Wirken. *Böse Geister wirken durch die Sünden des Fleisches, um ihre Ziele zu erreichen.* Sie nutzen das bereits vorhandene Böse, indem sie es attraktiv darstellen und die Menschen davon süchtig machen. Auf diese Weise kann der Teufel mächtig wirken und völlig im Hintergrund bleiben.

Deshalb müssen wir lernen, dem Teufel zu widerstehen, auch wenn wir keine offenen Hinweise auf seine Macht erkennen können. Er wirkt oft durch Schuld, Zorn oder emotionale Instabilität. Wir können uns ziemlich sicher sein, dass der Teufel und seine Dämonen zumindest in gewissem Maße an allen möglichen psychischen und emotionalen Störungen beteiligt sind, auch wenn wir ihren Einfluss nicht immer genau bestimmen können. Manche Fälle sind offensichtlicher als andere.

Wie wir dem Teufel widerstehen können

Wie können wir auf seinen Einfluss richtig reagieren? Ich nenne im Folgenden einige Schritte, die von der Macht des Teufels befreien – Schritte, die seine Versuche vereiteln, uns in unserer Vergangenheit gefangen zu halten.

1. Zuerst müssen wir uns vollständig Gott ausliefern. Wir müssen alles an Christus abgeben, einschließlich unserer Wun-

den. Glauben Sie bitte nicht, dass das leicht sei. Von Natur aus wollen wir an unseren Verletzungen festhalten, weil wir meinen, ein Recht auf sie zu haben. Wenn wir sie Christus geben, haben wir keinen Grund mehr, uns selbst zu bemitleiden!

Ich kann mich noch recht gut an meine eigenen Kämpfe erinnern, vor allem als ich anfing, meine Wunden an Christus abzugeben. Ihm meine Zukunft, meine Ehe und meine Kinder zu überlassen, war einfach, da es mir Freude machte, ihm diejenigen zu geben, die ich liebte. Doch diese Verletzungen und meine Bitterkeit an ihn abzutreten, war weitaus schwerer. Ich danke ihm, dass er mir die Gnade dazu schenkte.

Als Gläubige gehören wir bereits Christus und unser Körper ist der Tempel des Heiligen Geistes (1Kor 6,19-20). Unterordnung bedeutet einfach anzuerkennen, dass Christus unser rechtmäßiger Besitzer ist. Diese wiederkehrende Handlung lässt die Macht des Teufels schwinden. Vor allem Jakobus schrieb: »Unterwerft euch nun Gott. Widersteht aber dem Teufel, und er wird von euch fliehen« (Jak 4,7).

Das heißt nicht, dass der Teufel uns augenblicklich in Ruhe lässt. Als Christus in der Wüste war, zitierte er die Schrift und befahl dem Feind, von ihm zu weichen. Der Teufel kehrte sofort mit einer anderen Versuchung zurück. Lukas berichtet: »Und als der Teufel jede Versuchung vollendet hatte, wich er für eine Zeit von ihm« (Lk 4,13). Er hat ein Gespür für solch »passende Augenblicke«.

Unterordnung unter Gott muss somit eine wiederkehrende Erfahrung für jeden von uns sein. Es beinhaltet, Christus all unsere Verletzungen und unsere Gefühle der Wut und Rache zu übergeben ebenso wie unsere Albträume und Erinnerungen. Es bedeutet, *alles* an ihn abzutreten.

2. Wir müssen begreifen, dass der Teufel und seine Dämonen bereits besiegt sind. Christus errang am Kreuz einen entscheidenden und dauerhaften Sieg über die Mächte des Bösen. »Als er die Fürstentümer und die Gewalten ausgezogen hatte,

stellte er sie öffentlich zur Schau, indem er durch dasselbe über sie einen Triumph hielt« (Kol 2,15).

3. Das ist der wichtigste Punkt: Wir müssen lernen, dass wir von Christus vollkommen und bedingungslos angenommen wurden. Wir sind nicht mehr allein mit unseren Problemen und brauchen uns daher auch nicht auf unser Versagen und unsere Niederlagen konzentrieren. Der Name jedes einzelnen Kindes Gottes ist für ihn wertvoll. Wir sind wichtig für Gott selbst!

Der Teufel greift unseren Wert als Individuen an. Er will, dass wir uns schmutzig, schuldig, hoffnungslos und ungeliebt vorkommen. Menschen, die sich unter dem Einfluss von Dämonen befinden, sind auch entmutigt; sie fühlen sich von den Umständen und ihren eigenen emotionalen Defiziten überwältigt. Der Teufel will uns weismachen, dass wir der Abschaum der Menschheit sind.

Um uns mit den Augen Gottes zu sehen, müssen wir dem glauben, was die Bibel über uns sagt, und nicht unserer verzerrten Selbstwahrnehmung. »Denn ihr habt nicht einen Geist der Knechtschaft empfangen, wiederum zur Furcht, sondern einen Geist der Sohnschaft habt ihr empfangen, in dem wir rufen: Abba, Vater! Der Geist selbst bezeugt mit unserem Geist, dass wir Kinder Gottes sind. ... wenn wir nämlich mitleiden, damit wir auch mitverherrlicht werden« (Röm 8,15-17). Gott hat seine Kinder hoch erhoben. Eines Tages werden wir mit Christus zusammen herrschen. Ewig werden wir an seinem herrlichen Triumph teilhaben.

Wir müssen uns auf all das konzentrieren, was Gott für uns in Christus getan hat, und ein Leben führen, das ihn preist und ehrt. Gott zu loben, heißt, ihn zu verherrlichen. Nichts versetzt böse Geister mehr in Aufruhr als unser Dank an Gott. Ich liebe die Psalmen. Sie bringen die tiefste menschliche Verzweiflung ebenso zum Ausdruck, wie sie uns die höchste menschliche Anbetung Gottes zeigen. »Ich will dich erheben, mein Gott, du König, und deinen Namen preisen immer und ewig. Jeden

Tag will ich dich preisen und deinen Namen loben immer und ewig. Groß ist der Herr und sehr zu loben, und seine Größe ist unerforschlich« (Ps 145,1-3). Wenn wir einen solchen Lobpreis lesen, werden die Gedanken und Unterstellungen des Feindes unserer Seele zurückgedrängt. Wenn wir jeden Tag zu einem Tag des Lobes und Dankes machen, wird es uns leichter fallen, dem Wort Gottes zu glauben statt den Lügen des Teufels.

Auch gute Musik ist hilfreich. Hören Sie Händels *Messias* oder Loblieder, wann immer es Ihnen möglich ist. Füllen wir unsere Gedanken mit triumphierenden Liedern, schwächt das die Festungen des Teufels.

Schließlich müssen wir die in Epheser 6 beschriebene Waffenrüstung Gottes verstehen und sicherstellen, dass wir für den Kampf gerüstet sind. Wir sollten daran denken, dass der Teufel zwar viele Schlachten gewinnt, aber dazu verurteilt ist, den Krieg zu verlieren.

»... danksagend dem Vater, der uns fähig gemacht hat zu dem Anteil am Erbe der Heiligen in dem Licht, der uns errettet hat aus der Gewalt der Finsternis und versetzt hat in das Reich des Sohnes seiner Liebe« (Kol 1,12-13). In Christus können wir den Feind besiegen und emotional gesund werden. Dank ihm gibt es ein Leben nach dem Missbrauch – trotz des Teufels.

Liebe Dorie,

Dorie, ich habe verzweifelt versucht, die Veranstaltung zu verlassen, aber ich konnte es nicht. Dorie, wie hast du es geschafft, Gottes Liebe anzunehmen? Ich kann einfach nicht vertrauen. Ich kann nicht glauben. Und jetzt liebst du und empfängst Liebe – das bedeutet: Du machst dich angreifbar. Wirst du nicht verletzt? Lehrt dich das Leben nicht, dass Liebe falsch ist und Menschen nicht wirklich lieben, auch wenn du es glaubst? Woher nimmst du deine Kraft? Verstehst du, was ich sage? Gibt es eine Antwort? Ich bezweifle das.

In Liebe
E.

Jemand sorgt für mich

Sexueller Missbrauch findet auf der ganzen Welt statt. Das wusste ich schon immer, doch es wird mir noch deutlicher, wenn ich diese Botschaft der Hoffnung, die ich in den Vereinigten Staaten verkünde, auch in andere Länder trage. Ich bin dankbar für die Gelegenheit zu reisen. Wo ich auch hinkomme, habe ich festgestellt, dass die Menschen auf eine hoffnungsvolle Botschaft reagieren und Gott mir den Weg bereitet hat. Durch seinen Schutz kann ich bezeugen, wie sich das Leben von Menschen verändert.

Während eines Besuchs in Rumänien wurde ich zu einer Hochzeit eingeladen. Die Braut war eine wunderschöne Frau, die mir als Dolmetscherin diente. Sie hatte die Geschichte von meiner traumatischen Kindheit gehört und wie Christus Leben verändern kann. Am Hochzeitstag flüsterte sie mir zu: »Ich möchte Ihnen sagen, dass ich eine ganz ähnliche Vorgeschichte habe wie Sie.« Sie brauchte es nicht weiter ausführen.

»Ich verstehe«, sagte ich und berührte behutsam ihren Arm.

Während des Empfangs bemerkte ich, dass ihr Vater seine hübsche Tochter nicht ansah; nicht ein einziges Mal blickte er auf, um ihr glückliches Gesicht anzuschauen. Sie griff meine Hand und fragte: »Sehen Sie, was ich meine?«

»Ja, ich weiß.« Ich drückte ihre Hand, als ihr die Tränen über die Wangen liefen. Ich sagte ihr, dass ich hoffe, sie würde so glücklich werden, wie Lloyd und ich es waren. Ich dachte daran, wie liebenswürdig und verständnisvoll er in unseren 36 Ehejahren war. Auch diese junge Frau konnte eine glückliche Ehe führen, wenn ihr Mann sie verstehen würde.

Außer der allgemeinen Empfänglichkeit für Gottes hoffnungsvolle Botschaft habe ich auf meinen Reisen auf einmalige Weise auch Gottes Fürsorge für mich erfahren. Ich zögere ein bisschen, die folgenden Geschichten zu erzählen, weil sie so ungewöhnlich, so wundersam sind. Einige werden nur schwer glauben können, dass sie wirklich passiert sind. Aber diese Erfahrungen sind meinem himmlischen Vater zuzuschreiben und bestätigen seine besondere Fürsorge für mich, seine Dienerin.

Meine Rumänien-Reise fand noch vor der Revolution Ende 1989 statt, die das Ceauşescu-Regime stürzte. Es gab strenge Sicherheitsmaßnahmen und erhebliche Freiheitsbeschränkungen. Mia und Costel Oglice, ein rumänisches Ehepaar unter den Mitarbeitern von Precept Ministries, hatten unsere Einreise arrangiert, damit ich mein Zeugnis in verschiedenen Gemeinden weitergeben konnte. Ich betrachte diese lieben Freunde als meine zweite Familie und freute mich, zusammen mit ihnen in Rumänien dienen zu dürfen.

Dort entdeckte ich die wunderwirkende Kraft Gottes in Notsituationen. Ich glaube sogar, dass mir Engel begegneten, die mir mein himmlischer Vater zu meinem Schutz und zur persönlichen Hilfe sandte. Menschen mit Missbrauchserfahrungen möchte ich sagen, dass wir Objekte der Liebe und Fürsorge Gottes sind. Wenn wir in Schwierigkeiten sind, tut Gott manchmal das Unerwartete. Die anschließenden Erfahrungen bestätigen die Wahrheit, dass Gott für seine Kinder in Not sorgt.

Ein Engel Gottes

Mein Aufenthalt in Rumänien war fast zu Ende. Bevor ich in die Vereinigten Staaten zurückkehren konnte, musste ich meinen Flug nach Wien bekommen. Mehrere Stunden vorher checkte ich aus dem Hotel aus; ich wollte mich in die Eingangshalle setzen und den Leuten zusehen, bis ich mir ein Taxi zum Flughafen nehmen musste. Ich saß gerade zwanzig Minuten dort, als die Geheimpolizei erschien, ausschwärmte, die Fahrstühle blockierte und allen sagte, dass sie die Halle zu verlassen hatten. Ich hatte keine Ahnung, was mir der Mann zu sagen versuchte, bis die Frau am Empfang auf Englisch rief: »Notfall! Gehen Sie in die Bar!«

»Ich werde nicht in die Bar gehen!«

Der Mann wiederholte seinen Befehl, aber ich weigerte mich zu gehen. *Was können sie mir an meinen letzten Tag hier schon tun?*, dachte ich.

Die Empfangsdame gab schließlich nach und meinte: »Bleiben Sie nur sitzen!«

Ich blieb sitzen. Natürlich wusste ich nicht, ob es eine Bombendrohung gab oder das Hotel in Flammen stand. Aber einen Moment später traf ich zwei englisch sprechende Israeli, die mir erklärten, dass ihr Ministerpräsident erwartet wurde. Erleichtert atmete ich auf.

Der gedämpfte Kronleuchter in der Eingangshalle erstrahlte plötzlich. Mehrere Männer mit Wagen, auf denen sich Schmuckgegenstände befanden, hasteten durch die Halle und füllten damit die bis dahin leeren Regale des Geschenke-Shops. Innerhalb von Minuten lagen Dekorationen in den Schaufenstern, die den Anschein von zu verkaufender Ware erweckten.

Die Türen öffneten sich, und der Ministerpräsident, seine Frau und sein Gefolge betraten die Halle. Die Delegierten wurden zu dem Geschenkeladen geleitet, wo sie einige Gegenstände kauften. Anschließend verschwanden sie im Fahrstuhl. Die Türen hatten sich kaum geschlossen, als der Kronleuchter wieder gedämpft wurde und die Arbeiter aus dem Nichts auftauchten, um den Shop wieder leer zu räumen.

Da die Fahrstühle für die Hotelgäste gesperrt blieben, war ich froh, dass ich mein Zimmer frühzeitig verlassen hatte. Aber nach dieser Erfahrung wollte ich so schnell wie möglich zum Flughafen. Deshalb bat ich die Empfangsdame, mir ein Taxi zu rufen. »Nein, Sie müssen das Hotel noch nicht verlassen«, sagte sie. Ganz offensichtlich wusste sie, wann mein Flugzeug ging. Ich bestand jedoch darauf, dass sie mir augenblicklich ein Taxi bestellte. Ebenso gut konnte ich mehrere Stunden auf dem Flughafen warten, dachte ich. Schließlich gab sie nach.

In diesem Augenblick schritt ein großer, gut aussehender Mann durch die Halle und kam auf mich zu. Die Frau sprach Rumänisch mit ihm; anschließend wandte sie sich zu mir und meinte: »Ich habe ihn gebeten, Ihnen ein Taxi zu besorgen.«

Der Mann sagte zu mir: »Ich werde Ihnen helfen. Würden Sie mir bitte folgen?« Ich war einverstanden.

Das Taxi kam, und ohne miteinander zu reden, stiegen wir ein. Als wir am Flughafen ankamen, schwärmten Hunderte von Menschen durch die Eingänge. Im Gebäude selbst herrschte überall unglaubliche Aufregung. In der Ferne konnte ich das israelische Flugzeug sehen, das vom Militär bewacht wurde.

Ich schaute auf die langen Warteschlangen vor dem Zoll- und Einwanderungsschalter und fragte mich, ob ich es je durch das Durcheinander und die vorgeschriebenen umfangreichen Kontrollen schaffen würde. Ein Mann hatte in seinem Koffer silberne Kerzenhalter versteckt, die ihm weggenommen wurden. Er und seine Frau wurden wütend und fingen an zu weinen. Einen Augenblick lang wurde mir bang ums Herz. Ich war mir nicht einmal sicher, wo ich mich einreihen musste.

»Machen Sie sich keine Sorgen. Ich bin hier, um Ihnen zu helfen. Folgen Sie mir nur!«, wiederholte der Mann ruhig und zuversichtlich. Obwohl ich ihm meine Fluggesellschaft nicht genannt hatte (momentan konnte ich mich auch gar nicht an sie erinnern), brachte er mich direkt zur Lufthansa. Wir kamen an eine lange Schlange, die stillzustehen schien. Die Wartezeit, fürchtete ich, würde kein Ende nehmen. Ich zögerte, er aber sagte: »Nein, folgen Sie mir. Denken Sie daran, ich bin hier, um Ihnen zu helfen.«

Als wir an allen Leuten in der Warteschlange vorbeigegangen waren, sagte er zu mir, ich solle mich ganz vorne neben einem Mann anstellen. »Danke, das werde ich«, antwortete ich. Der Mann neben mir war aus England. Wir gaben uns die Hand.

»Ich weiß nicht, wer für dieses Chaos verantwortlich ist!«, bemerkte er.

»Ich auch nicht, Sir, aber ich weiß, wer die Verantwortung für mich trägt.«

»Und wer ist das?«

»Gott!«

»Ich bleibe bei Ihnen!«

Der große Mann, der mich zum Flughafen gebracht hatte, war noch immer an meiner Seite. Der Kontrolleur rief: »Koffer!«

Ich griff meinen Koffer, er aber sagte: »Nein, fassen Sie ihn nicht an. Ich bin hier, um Ihnen zu helfen.« Dann hob er ihn hoch und sagte zu dem Kontrolleur: »Lassen Sie sie durch.«

»Nein«, war die Antwort.

»Lassen Sie sie durch. Es ist alles in Ordnung mit ihr.«

»Nein!«

»Lassen Sie sie durch; es ist alles in Ordnung – und lassen Sie auch diesen Mann durch. Auch mit ihm ist alles in Ordnung.«

Dann nahm mein anonymer Freund den Koffer des Engländers und reichte ihn dem Beamten. Mit einer verzweifelten Geste ließ er die Koffer durch, ohne sie zu öffnen.

»Sir, ich weiß nicht, wie ich es Ihnen sagen soll«, meinte ich und blickte in die freundlichen Augen dieses großen, hilfsbereiten Gentlemans, »aber Gott muss Sie gesandt haben, um mir zu helfen.«

Mit einem liebevollen Lächeln schaute er mich an, legte mir die Hand auf die Schulter und sagte: »Und möge dieser Segen alle Tage Ihres Lebens auf Ihnen ruhen.«

Der Engländer flüsterte mir zu: »Was für ein freundlicher Mann, der uns so geholfen hat! Das weiß ich zu schätzen. Übrigens, wo ist er?«

Ich drehte mich zu dem liebenswürdigen Fremden um, aber er war verschwunden. Wir schauten uns beide um, konnten ihn aber nirgends sehen. »Sir«, sagte ich zu dem Engländer, »ich weiß nicht, was Sie davon halten, aber ich denke, wir haben soeben einen Engel gesehen!«

»Ach, kommen Sie.«

Unser Flug wurde ausgerufen, und als ich meine Handtasche nehmen wollte, meinte der Engländer: »Nein! Ich helfe Ihnen!«

Wir beschlossen, im Flugzeug nebeneinanderzusitzen, und ich erzählte ihm etwas von dem, was Gott in meinem Leben getan hatte. Als wir in Wien ankamen, half er mir durch den Zoll. Beim Abschied griff er meine Hand und sagte mir, wie froh er war, mir begegnet zu sein. Als ich gerade gehen wollte, zog er mich zur Seite und meinte: »Übrigens, Dorie, vielleicht haben Sie ja recht gehabt!«

Diese Begebenheit bereitete mich auf eine ähnliche Begebenheit vor, die sich ein Jahr später ebenfalls in Osteuropa ereignete.

Noch ein Engel Gottes

Unter Ceauşescus Herrschaft war das Reisen selbst innerhalb des Landes nur mit größten Einschränkungen möglich. Um von einer Stadt zur nächsten zu kommen, musste ich eine spezielle Genehmigung einholen und mich strengen Kontrollen unterziehen. Ich musste in eine andere Stadt innerhalb eines bestimmten Gebiets. An der Zollkontrolle hatten sich mehrere Menschenschlangen gebildet. Ein Beamter winkte mich zu seinem Schalter hinüber. Ich zögerte, weil sich über ihm ein Schild befand, auf dem »Diplomat« stand. Ich dachte, dies sei ein Irrtum. Da er jedoch darauf bestand, mich zu kontrollieren, dachte ich: *Sicher, hier bin ich richtig. Warum auch nicht? Ich bin eine Diplomatin für Christus!*

»Haben Sie ein Buch?«, fragte er mich.

»Nein, nur ein *Reader's Digest*«, sagte ich und verstand nur allzu gut, dass dies nicht das Buch war, das er meinte.

»Nein. Haben Sie ein Buch?«

»Nein.«

»Dann können Sie durchgehen.«

Am Ziel angekommen, traf ich meine Freunde im Hotel. Ich hatte die Möglichkeit, mehrere Gemeinden zu besuchen und dort den Menschen zu erzählen, was Gott trotz meiner Vorgeschichte für mich getan hatte. Einige waren überrascht, dass ich ein solch hartes Leben hatte, obschon ich doch in den Vereinigten Staaten aufgewachsen war. Es half ihnen zu erkennen, dass das Leben schwer sein kann, ganz gleich, woher man kommt – sogar in den großen Vereinigten Staaten von Amerika.

Als es Zeit zum Abschied war, mussten Nickie, eine junge Amerikanerin, die mich auf der Reise begleitete, und ich zu der Stadt zurück, aus der wir gekommen waren. Von dort wollten wir in die Vereinigten Staaten zurückfliegen. Wieder mussten wir die Zollkontrolle passieren. Unser Reisebüro in den USA hatte uns Tickets gegeben, die uns erlaubten, mehrere Städte zu besuchen. Deshalb rechneten wir mit keinen Problemen bei unserem Flug. Als wir jedoch die Tickets vorzeigten, wurde uns wiederholt gesagt: »Nein!«

Was sollten wir tun?

In meiner Verzweiflung ging ich zu einem anderen Beamten, einer Frau, die noch unhöflicher war als der Mann zuvor. Vor mir versuchte jemand einen Computer durch den Zoll zu bekommen; die Beamtin nahm ihn nicht nur aus seinem Karton heraus, sondern auch teilweise auseinander.

»Darf ich bitte durchgehen?«, fragte ich.

»Nein!«, lautete die kühle Antwort.

Ich versuchte es bei anderen Beamten, verzweifelt jemanden zu finden, der uns durch die Kontrolle half. Jeder gab uns dieselbe herzlose Antwort. Zwanzig Minuten suchten wir jemanden, der uns durchließ, aber ohne Erfolg.

Plötzlich tauchte ein englisch sprechender Mann auf. »Kommen Sie mit mir, ich werde Ihnen helfen«, sagte er.

Ich wollte ihm sagen, was ich brauchte, aber er unterbrach mich. »Ich weiß, was Sie brauchen«, sagte er. »Draußen wartet ein Taxi.«

»Aber was ist mit unseren Koffern?«

»Ich werde sie für Sie holen.« Er sagte etwas zu einem der Beamten und begann unsere Sachen zu dem wartenden Taxi zu bringen.

Nickie flüsterte mir zu: »Dorie! Was machst du da? Wir kennen ihn doch gar nicht!«

»Er spricht Englisch, und er hat ein Taxi. Lass uns gehen.« Wir stiegen ins Taxi, und er fuhr uns in die Innenstadt.

»Wir besorgen Ihnen einen Flug«, versicherte er uns.

Wir fuhren zu einem Gebäude, und einen Augenblick später kam ein Mann vorbei. »Ich kenne ihn. Er ist der Chef des Reisebüros«, sagte der Taxifahrer. Dann sprach er ihn in der Landessprache an, und der Gentleman kam zum Auto herüber. Auf Englisch sagte er: »Ja doch, Mrs. Van Stone, ich weiß alles über Sie. Gehen Sie zu diesem Gebäude. Dort wartet ein Ticket auf Sie.«

Unser neuer Freund ging mit uns in das Gebäude, und wir fanden die Tickets, die für uns bereitlagen. Dann stiegen wir wieder ins Taxi und fuhren zurück zum Flughafen.

»Werden wir es noch schaffen?«, fragte ich.

»Aber sicher«, erwiderte er. Er brachte uns zum zweiten Terminal und versicherte uns noch einmal, dass wir unseren Flug bekommen würden. Es gäbe keinen Grund zur Sorge, meinte er. Dann nahm er unsere Koffer aus dem Auto.

»Das können Sie vielleicht gebrauchen«, sagte er und gab uns zwei Hunderter in der Landeswährung. »Es freut mich, dass ich Ihnen eine Hilfe sein konnte«, fügte er noch hinzu. Dann war er verschwunden.

Wir waren sprachlos. In diesem Land verschenkte niemand etwas einfach so. Was noch erstaunlicher war: Wir hatten ihm überhaupt nichts von unserem Problem am Flughafen erzählt, ebenso wenig hatten wir ihm gesagt, wer wir waren. Trotzdem wusste er unsere Namen, unser Problem und wie er uns helfen konnte. Er hatte kein Geld für das Taxi genommen und uns sogar noch welches gegeben.

»Wer war dieser Mann, Dorie!«, stieß Nickie hervor.

»Ich weiß es nicht!«

Wir kamen zum Ticketschalter, und der Beamte sagte: »Ihr Gepäck hat Übergewicht. Sie müssen noch 175 nachzahlen.«

Das habe ich nicht, dachte ich – und dann erinnerte ich mich. Natürlich, ich habe noch zweihundert in meiner Tasche. Ich gab ihm das Geld und bekam fünfundzwanzig zurück. Wir gingen an Bord und bekamen Getränke, die so gar nicht unserem westlichen Geschmack entsprachen. Natürlich nahmen wir an, sie seien im Flugpreis inbegriffen, aber die Stewardess sagte uns: »Elf Dollar bitte für jedes Getränk.« (Sie meinte natürlich die Landeswährung.) Ich gab ihr fünfundzwanzig und erhielt drei zurück. »Herr, alles, was du gibst, gibst du im Überfluss!«

Und so kamen wir an unser Ziel mit einem kleinen Restgeld, dreimal so viel wie wir am Anfang des Tages besessen hatten!

Wir erzählten befreundeten Christen von der Begebenheit, die ebenso erstaunt waren wie wir. Sie waren sich einig, dass es keine menschliche Erklärung dafür gab.

Der Vers, den ich für diese Reise in Anspruch nahm, war Psalm 41,2b-3: »Am Tag des Unglücks wird der Herr ihn erretten. Der Herr wird ihn bewahren und ihn am Leben erhalten; er wird glücklich sein auf der Erde, und du wirst ihn nicht der Gier seiner Feinde preisgeben.« Er hatte mich gerettet durch das Eingreifen eines freundlichen Mannes, den er Nickie und mir sandte, weil wir Erben des Heils sind.

Die Wunder auf dieser Reise waren noch nicht zu Ende. Der gerade beschriebene Flug war innerhalb des Landes, und ich wollte dort noch mehrere Wochen dienen. Mein Pass erlaubte mir aber nur noch fünfzehn weitere Tage statt der geplanten acht Wochen. Der Hotelangestellte meinte, ich sollte zur Polizei gehen, vielleicht könnte ich dort eine Verlängerung meines Aufenthaltes bekommen. Ich begegnete zwei Amerikanerinnen, die im Wesentlichen dasselbe Problem hatten; sie wollten vor dem Rückflug noch mehrere andere Städte besuchen. So gingen

Nickie und ich mit ihnen gemeinsam zur Polizeiwache. Dort wurden die beiden Damen zuerst aufgerufen.

»Nein!«, lautete die unfreundliche Antwort auf ihre Bitte. Die Frauen führten ihren Wunsch weiter aus, aber der ungeduldige Beamte wollte ihnen nicht zuhören. Ich dachte, mir würde sicher dasselbe widerfahren. Ich erklärte ihm, ich bräuchte eine Verlängerung. Er schaute mich an und meinte: »Natürlich.«

Er kam meiner Bitte nach und fügte hinzu: »Eine schöne Zeit noch.«

Der Unterschied war so auffallend, dass es kein Zufall sein konnte. Ich wusste immer, dass Gott uns sogar das Wohlwollen von Ungläubigen schenken kann, wenn wir in seinem Auftrag unterwegs sind. Dies war ein weiteres Beispiel dafür, wie der Herr für uns, sein Volk, sorgte.

Ich weiß nicht, warum Gott so viele besondere Dinge für mich getan hat. Sie erinnern daran, dass Gott mehr als nur seinen »normalen« Segen schenkt. Dies ist seine Art zu sagen: »Ich liebe dich und sorge für dich.« Ganz gleich, wo ich hingehe – ich habe erfahren, dass ich nicht allein bin.

Liebe Dorie,

bevor ich dich reden hörte, wusste ich nicht, wie viel Bitterkeit ich gegenüber meiner Mutter empfand, die mich missbraucht hatte. Zum ersten Mal erkannte ich wirklich die Verletzung in meinem Leben und dass ich meinen Geist und meine Seele zu Gott erheben musste, um gereinigt zu werden. Beim Mittagessen erlebte ich, wie sich die Last von meinem Herzen und meinen Schultern löste. Ich preise Gott, dass er mir dich sandte. Ich weiß: Der Teufel will mein Leben zerstören, aber mit Gottes Hilfe werde ich siegen.

In Liebe
S.

Wir haben nur ein Leben

Mich beeindruckt die Tatsache, dass wir alle nur eine bestimmte Anzahl von Lebensjahren haben, bevor wir unseren Erlöser sehen und ihm Rechenschaft über das ablegen werden, was wir hier auf der Erde getan haben. Wie schnell das Leben doch seinem festgelegten Ende entgegeneilt!

Vor Kurzem schaute ich auf einem Flug über Kalifornien aus dem Fenster und sah weit unter mir verschwommen etwas Grünes. Der Frühling stand vor der Tür, war aber noch weit von seinem Höhepunkt entfernt. Bald schon würde die braune Erde dem Grün von Bäumen und Pflanzen weichen. Leben würde hervorbrechen. Ich dachte daran, wie oft ich mich nach dem Himmel sehnte, müde von angefüllten Tagen und einsamen Nächten. Doch der Herr schien zu sagen: »Ich habe einen Plan für dich, einen Plan, der dein Leben, deinen Kummer und deinen Dienst einschließt.«

»Aber Herr, ich möchte bei dir sein«, flüsterte ich dann. »Ich sehne mich danach, in deiner Gegenwart zu sein. Ich will nicht unbedingt sterben, ich will nur bei dir sein.« Mir war klar, meine Tochter, mein Goldschatz, würde sagen: »Nein, Mom, wir brauchen dich!« Und mein Sohn würde sagen: »Mutter, wir brauchen dich, du hast immer so gute Ratschläge für unser Leben.«

Als ich mich an diesem Tag 9000 Meter über der Erde befand, schrieb ich Gott einen Brief:

»Herr, ich schaue hinunter und sehe, wie der gewundene Fluss langsam vor sich hin fließt. An beiden Seiten wächst sattes Grün, das von dem Wasser genährt wird. So möchte ich auch sein – Nahrung geben, die andere Menschen wachsen lässt, ihnen einen Grund liefern, für dich zu blühen.

Ich weiß auch, dass im Wasser Steine liegen, aber gerade

diese Hindernisse geben dem Fluss seinen Klang und sein Lied. Genauso möchte ich den Heiligen Geist durch mein Leben fließen lassen, um jeden zu segnen, dem ich begegne. Ich möchte ein wenig Musik in einige gequälte Herzen bringen.

Herr, dieser Fluss wird gereinigt, während er dahinfließt und Geröll aus dem Weg räumt. Entferne doch all das Durcheinander aus meinem Leben, damit ich ein deutliches Zeugnis geben kann und deine reinigende Gnade in meinem Leben sichtbar wird.

Herr, gestern war ich so niedergeschlagen, so müde, so erschöpft – es wäre wunderbar gewesen, hätte ich mich in deine Gegenwart wegstehlen können. Aber heute bin ich wieder stark und gewillt, den Plan zu erfüllen, den du für mich auf dieser Erde hast.

Ich weiß: Es kommt nicht darauf an, was *ich* tun kann, sondern was *wir* tun können. Mit dir kann ich hinaufsteigen wie mit Adlersflügeln. Ich kann rennen und werde nicht müde; ich kann laufen und werde nicht matt. Ich danke dir für deine Verheißung: ›Denn der Herr der Heerscharen hat es beschlossen, und wer wird es vereiteln?‹

Der Kapitän hat uns eben mitgeteilt, dass wir … in zwanzig Minuten landen. Wir sind gebeten, unsere Sicherheitsgurte anzulegen und die Servierbretter zu befestigen. … Danke Herr, dass du neben mir sitzt und uns eine sichere Landung schenkst. Eines Tages werde ich an diesem gesegneten Ufer landen, und ich weiß, du und mein lieber Ehemann, ihr werdet zusammen mit vielen Freunden warten, während das Flugzeug zum Flugsteig rollt.

Aber [auf] diesen Tag muss [ich] noch eine Weile warten. Denn im Augenblick scheinst du zu sagen: Lass mich deine Hand nehmen und dich führen.«

Ich verließ das Flugzeug in dem Wissen, dass derselbe Herr, dem ich im Waisenhaus begegnete, meine Hand auch weiterhin fassen und mich durch diese beschwerliche Lebensreise führen wird. Und er gebraucht mich auch, um das Leben anderer Menschen zu berühren.

In Toronto gibt es eine Organisation, die Frauen in besonderen Nöten hilft, sich wieder im Leben zurechtzufinden. Sie wurden missbraucht, aus ihren Häusern geworfen oder vor Kurzem geschieden. Eine der Bedingungen ist, dass jede Frau mein erstes Buch, *Dorie – ein verwandeltes Leben*, liest und ihre Gedanken dazu aufschreibt.

Als ich neulich auf einer Veranstaltung in Toronto sprach, wurden mir die Aufzeichnungen einer dieser Frauen überreicht. Sie gibt das Ziel meines Lebens deutlich wieder, und ihre Notizen sind eine treffende Zusammenfassung all dessen, was Gott für mich getan hat.

Die Frau schreibt, in meinem ganzen Buch sei geistliches Wachstum erkennbar. »Dories Leben begann in den dunkelsten Tiefen, aber es wurde immer heller, als sie Gottes siegreiche Hand fasste.« Sie meint, der amerikanische Buchtitel[2] sei irreführend, weil »Dorie geliebt wurde und die Liebe der wichtigsten Person überhaupt erfuhr – Gott. Sie spürte seine Liebe stärker als viele, die aus guten Elternhäusern kommen.«

»Ich glaube«, fährt sie fort, »es ist wie bei der Metapher von dem Diamanten, der vor einem schwarzen Hintergrund hängt. Vor einem weißen Hintergrund ist die Pracht des Diamanten nicht so leicht zu erkennen. Der dunkle Hintergrund verändert nicht den Wert des Diamanten, sondern verstärkt nur seine Brillanz und Klarheit.«

Sie hebt die Tatsache hervor, dass wir Gottes Liebe am stärksten fühlen, wenn es das Einzige ist, was wir besitzen. »Wir können Gottes Stimme wirklich hören, wenn sie die einzige Stimme ist, die sich nach uns ausstreckt und uns berührt.

Gott errettete Dorie aus den tiefsten emotionalen Wunden,

---

2 »Dorie, the Girl Nobody Loved« (»Dorie: Das Mädchen, das keiner liebte«)

die ihr ... die schrecklichen und traumatischen Erfahrungen ihrer Kindheit zugefügt hatten. Sie wurde wirklich vor der Hölle errettet – der Hölle, mit diesen Problemen allein fertig werden zu müssen. Es ist die Hölle, wenn es niemanden gibt, der zuhört, niemanden, der unseren Schmerz fühlt.

Dories Leben wurde nicht besser, als sie dem Herrn vertraute, sondern noch härter. Auf geistige Misshandlungen folgten körperliche. Sie ertrug großes Leid, aber ebenso groß war ihre Liebe zum Herrn. Sie legte ihre Hand in Gottes Hand, und wenn es hart wurde, drückte sie sie fester.

Als sie älter wurde, war sie frei, den Willen Gottes zu tun. Und dann kam der Segen. Es war Zeit für einen Ausgleich für ihr furchtbares Leid!

Als es ihr besser ging, vergaß sie nicht, wo sie herkam, sondern blieb dem Herrn treu. Auch auf dem Missionsfeld musste sie viel ertragen, aber sie beschwerte sich nicht über die zusätzlichen Opfer, da sie doch schon so viel zu erleiden hatte. In schweren Zeiten machte sie sich von Gott abhängig und für gute dankte sie ihm.«

Die Frau meinte, das Buch sei nicht leicht zu lesen gewesen, da es ihre eigene schmerzhafte Vergangenheit wachrief. Während ich in jungen Jahren mein Herz dem Herrn geöffnet hatte, sagte diese Frau, ihr Herz wäre in ihren schweren Zeiten verschlossen gewesen – so verschlossen, dass sie »nicht hören konnte, wie der Herr anklopfte«. Sie ertrug die Schmerzen und Verletzungen allein. »Doch das war damals – und heute ist heute«, schloss sie. »Der Kampf wird nicht einfach sein, aber wenn Dorie es geschafft hat, kann ich es auch.«

Ja, sie kann es! Mit Gottes Hilfe können wir alle es schaffen.

Ich kann ehrlich sagen, dass es nichts in meinem Leben gibt, das ich verändern würde. Nicht, weil all meine Wunden geheilt wären oder weil mein Hass auf Missbrauch verschwunden wäre – denn beides ist nicht der Fall. Aber ich kann sagen, dass ich aus einem einzigen Grund nichts ändern würde: Durch mein Leid wurde Gott verherrlicht. Und er hat mich gebraucht, um anderen Menschen Hoffnung zu geben, deren Wunden so schlimm oder gar schlimmer sind als meine.

Jahre nachdem meine Geschichte zum ersten Mal aufgeschrieben wurde, traf ich Irma Freman, die christliche Oberschwester, die mir eine Ausgabe des Neuen Testaments schenkte, kurz bevor ich das Waisenhaus verließ. Sie sagte mir, sie hätte in dieser Zeit darüber nachgedacht, mich zu adoptieren, aber unverheirateten Frauen war das nicht gestattet. Es wäre für mich sehr entmutigend gewesen, hätte ich dies gewusst, bevor ich das Waisenhaus verließ. Jemand hatte mich geliebt und sorgte sich um mich!

Ich bin froh, dass ich von Irmas Adoptionsabsichten erst erfuhr, nachdem ich all das Leid in den Pflegefamilien durchgemacht hatte. Gott ließ es mich erst wissen, als ich diese Stürme überstanden hatte. Er wollte beweisen, dass er für ein schmutziges, ungewolltes Kind sorgen kann. Er konnte mir helfen, die Schläge zu ertragen, den sexuellen Missbrauch und die Zurückweisung durch meinen Vater und meine Mutter. All das wollte Gott mir zeigen, und er tat es. Jetzt darf ich Tausenden von Menschen erzählen: Um seines Namens willen kann Gott aus einem »Niemand« einen »Jemand« machen.

Beharrlich habe ich auf den Herrn geharrt, und er hat sich zu mir geneigt und mein Schreien gehört. Er hat mich heraufgeführt aus der Grube des Verderbens, aus kotigem Schlamm; und er hat meine Füße auf einen Felsen gestellt, meine Schritte befestigt. Und in meinen Mund hat er ein neues Lied gelegt, einen Lobgesang unserem Gott. Viele werden es sehen und sich fürchten und auf den Herrn vertrauen. (Ps 40,2-4)

Mit seiner Hilfe will ich treu sein, bis mein Flugzeug landet und ich meinen Erlöser am Flugsteig sehe. Die Pflegefamilien meiner Kindheit und die Enttäuschungen der späteren Jahre werden schnell vergessen sein, wenn ich in mein ewiges Zuhause einziehe.

Dann werde ich von Angesicht zu Angesicht den anbeten, der im Waisenhaus zu mir kam und sagte: »Ich liebe dich.« Und alles wird in Ordnung sein.

clv

Nancy Leigh DeMoss

Lügen, die wir Frauen glauben

256 Seiten, Hardcover
ISBN 978-3-86699-211-5

Uns Frauen geht es oft wie Eva. Wir alle erleben Niederlagen und Versagen, Sorgen und Aufregungen. Wir alle kennen Selbstsucht, Gereiztheit, Wut, Neid und Bitterkeit. Aber wie gern wollten wir noch einmal neu anfangen und in Frieden und Harmonie leben.

In ihrem Buch stellt Nancy Leigh DeMoss dar, in welchen Bereichen Christinnen dem Betrug am häufigsten glauben:
Lügen über die eigene Person, über die Sünde, über die Ehe, über Gefühle oder die Lebensumstände.

Nancy Leigh DeMoss zeigt, wie wir von Bindungen frei werden und Gottes Gnade, Vergebung und überfließendes Leben haben können. Dieses Buch bietet die wirksamste Waffe, um die Lügen des Teufels abzuwehren und zu besiegen: Gottes Wahrheit.

Ney Bailey

Glaube ist kein Gefühl

160 Seiten, Taschenbuch
ISBN 978-3-89397-571-6

Unsere Gefühle und Gottes Wort stimmen nicht immer überein. Ney Bailey versucht aufzudecken, warum das so ist und wie sich der Konflikt lösen lässt. Sie bietet sehr praktische Hilfe an, ganz gleich, an welchem Abschnitt des Weges mit Gott sich jemand befindet.

Dies ist ein sehr persönliches, interessantes und flüssig geschriebenes Buch. Es verbindet Tragisches, Humorvolles und Dramatisches auf eine Weise, dass der Leser gefesselt bleibt. Dieses Buch kann man immer wieder lesen und auch andere darauf aufmerksam machen.